Freiburger Wunder

Brägele & Meerblick

Wolfgang Abel

Meerblick kann überall sein – morgens auf dem Münstermarkt

Brägele und Meerblick

Meerblick ist Fantasie, Meerblick kann überall sein. Über dem Nebel der Breisgauer Bucht, auf einer Orchideenwiese am Schönberg, morgens auf dem Münstermarkt. Fantasie und Provinz sind ein gutes Paar, Brägele und Meerblick auch.

Die Beziehung zum Hausberg, der elegante Schwung eines Wanderweges, solide Gaststuben, feine Brägele – fürs Leben im Südwesten gibt es kein Kochrezept, aber gute Zutaten. Und manchmal wird daraus ein kleines Wunder.

Lokalpolitisch korrekter Weihrauch geht mir gegen den Strich, platter Eventismus auch. Lobhudeln sollen andere. Hier steht nicht, was man sehen muß, bevor Freiburgs Bächle über die Ufer treten. Kommen Sie einfach mal mit.

Inhalt

Bitte vor dem Essen lesen 7

Freiburg **16**
Gehobene Küche 16
Bürgerlich und reformiert 19
Pasta, Curry und Illusionen 33
Feine Ecken, stille Nischen 44
Gasse und Piste 51
Einzelstücke 57

Freiburg Umland **70**
Hexental und Schönberg 71
Nostalgie und Neuzeit in Horben 85
Schauinsland 95
Berg und Tal um St. Ulrich 115
Ausfahrt Freiburg Süd 127
Nach Westen 135
Dreisamtal 141
Balkone und Tische im Norden 157
Weite um Freiamt 175

Freiburger Wunder **189**

Brägele 191

Münstermarkt am Morgen 193

Lang, heiß, rot 201

Integration..203

Eleganzverbot..205

Kaffeehaus gesucht 207

Viererlei vom Zucker 211

Bobbele im Gesetz...215

Blick vom Münsterturm 221

Rucksack...231

Männerläden 233

Im Volksheim 235

Rock am Ring..237

Küche nach Mundart 245

Dinkel, Brot und Martenstein 247

Günterstalstraße 67 253

Nudelsuppe im Meyerhof...259

Der Müll, die Stadt und der August................................261

Wiehre Mitte 265

Lorettobad...271

Straße der Utopien..279

Sprachreinigung...283

Festung Vauban 283

Großes Theater 289

Ost und West, drinnen und draußen 291

Blickkontakt..299

Meerblick..303

Stichwortverzeichnis, Orte, Einkehren 304

Vorsp. Gabeln Vorsp. Messer Hauptg. Gabeln Hauptg. Messer

Bitte vor dem Essen lesen

Das Wichtigste vorweg: Das Leben ist zu kurz, um Zeit in mittelmäßigen Gaststätten zu vergeuden. Kulinarische Hüpfburgen sollen andere beweihräuchern. Alles lecker und regionalmediterran. Von mir aus, aber ohne mich.

Ich habe die kulinarische Situation im Südwesten drei Jahrzehnte lang beobachtet*. Das reicht. In diesem Buch geht es um meine Lieblingsorte. Um Plätze, die man mit guten Freunden besucht. Dort ist nicht alles perfekt, aber manches besonders. Es ist die Ernte meiner Streifzüge.

Schnitzemöhre und Plumpsküche. Vorweg einige Anmerkungen zum Frust am Weg: Die erste Warnung kommt meist als nettes Körbchen mit bleichem Baguette, dazu Butter wie Wagenschmiere. Ich brauche auch kein Gasthaus, in dem die Quadratur der Schnitzemöhre kultiviert wird. Und ich gebe mein Geld nicht gerne an Trickdiebe, die Reisbrei als Risotto verkaufen. Die Jakobsmuschel hat unsere Vorstädte erreicht, schmeckt es seither besser?

Als sei nichts gewesen, rollen Stahlhelmköche im abgedunkelten Jeep gen Großmarkt, wo Pseudoregionales gebunkert wird. Schwarzwälder Schinken vakuumiert, Gengenbacher Flammkuchen im Zehnerpack. In der Heimatstube wird daraus *regionale Plumpsküche:* Vesperbrettle, Filettöpfle, Wild-

---

* Vorgänger dieser Ausgabe sind von 1986 bis 2013 in 18 Auflagen im Oase Verlag erschienen. Zuletzt unter dem Titel: **Freiburg, Breisgau, Markgräflerland**. Gastronomie & Heimatkunde.

Ein, zwei Dutzend Vollwertadressen, mehr nicht.

wochen. Die Karte seit Generationen von braun genarbtem Kunstleder geschützt – Gasthäuser, die das Eiserne Kreuz verdienen.

Es geht hier um Genußautonomie in Freiburg und im Breisgau, nicht um halbgare Kompromissadressen. Obwohl unsere Region als kulinarische Vorzeigelandschaft oft besungen wird, arbeitet die Mehrzahl der Gaststätten auf beklagenswert niederem Niveau. Das gilt freilich auch für Gäste und Kritiker, deren Sinne nicht ausreichen, die Verhältnisse kritisch zu bewerten.

McLuxus und Sternedeuterei: Um ehrlich zu sein, es gibt für mich ein, maximal zwei Dutzend vollwertige Gaststätten im engeren Wortsinn. Die Spannweite reicht dabei vom erstklassigen Haus bis zur Vesperwirtschaft. Alle anderen Adressen sind wie der Alltag: mal brauchbar, mal grenzwertig. Folgsame Kopisten, die den üblichen Schrott als Trendkost auftischen, sollen hier allenfalls als Randnotiz auftauchen.

Ähnliches gilt für die *konventionelle Hochpreisgastronomie*, sofern sich dort die Monotonie der Luxusprodukte oder eine

Vorsicht, hier kocht der Chef!

wenig sachdienliche Kochakrobatik etabliert hat. Ein McLuxus, der selbstbewußte Genießer abschrecken muß. Ebenso
abstoßend wirkt das verbandelte Getue von Medienköchen
und Mietmäulern aus der Presse. Der kalibrierte Luxus von
Filet bis Stopfleber, das Gedöns um Schäumchen und retro-
nasale Akkorde paßt zum Gewese aasig grinsender Selbstver-
markter. Solche Rituale haben mit emanzipierter Lebensfüh-
rung in meinem Sinne nichts gemein.

Büdchen und Bar. Bezeichnend, daß neue Konzepte selten
von Granden der Branche durchgesetzt werden, oft besorgen
das Seiteneinsteiger. Warum kommt eigentlich keiner aus dem
etablierten Lager auf die Idee, ein zeitgemäßes Büdchen, eine
kommunikative Bar mit Tapas im baskischen Stil oder eine
gepflegte Reformgaststätte zu etablieren? Bezeichnend für
das Innovationsvermögen der Zunft, daß solche Ansätze in
Südbaden oft von außen kommen. Ebenso bezeichnend, daß
junge Wilde meinen, allein schon das Umrubeln eines Im-
bisswagens zum Foodtruck sei eine reife Leistung.

Frische Konzepte, neue Leute – bitte mehr davon

Bezeichnend auch, daß diese Zeilen außerhalb des Systems formuliert werden müssen. Die landläufige Gastronomiekritik ist – gerade im Schonklima des Südwestens – ohne Biss. Ein paar zaghafte Pieksereien, mehr traut sich keiner. So verfestigt sich ein Pfründesystem, verkrustet wie Subventionstheater. Auch die Preise, die mittlerweile für aufgerüschtes Mittelmaß verlangt werden, sprechen für sich. Je näher die Schweiz kommt, desto dreister der Zugriff. Helvetische Tarife aufrufen und deutsche Löhne bezahlen, kein feiner Zug.

Ablaßhandel und Regiotümelei. Trotz allem Gerede vom anständigen Essen werden in Baden-Württemberg nur 9 % der Anbaufläche ökologisch bewirtschaftet (beim Weinbau fünf Prozent); in der Schweiz sind es 20 %, in Österreich gut ein Viertel der Flächen. Selbst im Ablaßhandel der Bio-Supermärkte liegt immer mehr internationale Ware. Das Konzept einer tatsächlich qualitätsbewußten Nahversorgung bleibt auch im Ökomilieu mehr Wunsch als Wirklichkeit, zudem grenzt der EU-Wirrwarr mit unterschiedlichen Biosiegeln und Zertifikaten an Kundentäuschung.

Mit einem gutem Brot fängt alles an

Auch die Regiotümelei nervt, weil Selbstverständlichkeiten als Errungenschaft präsentiert werden. Das Frömmeln mit einem gewaltfreien Gemüsebauern ist zur Pflichtübung besserer Stände geworden. Aber gleich ob Sterne- oder Sportheimküche, das Volumen liefern wie eh und je die Großverteiler. Im Gasthaus liest man dann die üblichen Floskeln vom „Freiburger Marktgemüse". Und wer buckelt eigentlich bei der Feldsalat-, Spargel- und Erdbeerernte im Oberrheintal für ein paar Euro die Stunde. Gehört sich das?

Wer bemüht sich denn noch um ein anständiges Tischbrot, um ordentlichen Essig, gutes Öl? Für Motoröl und Frostschutz gibt der feinschmeckende Michel mehr aus als für Speiseöl und Faßwein. Bevor Sie vor lauter Schimpferei müde werden, noch ein paar Fragen und Thesen und dann gibt es endlich was zu essen:

- **Streberteller**: Warum müssen gefühlte Spitzenköche ein albernes Mikado an Mikroelementen anrichten, wenn sie schon mit der Zubereitung eines luftigen Omelettes überfordert sind?

Lieber Suppenterrine als Krimidinner

- Geckenküche: Könnte es sein, daß manche Aufgeregtheit der Hochpreisgastronomie für bürgerliches Distinktionsbemühen steht? Überholt, wie neureiches Geckentum, dessen Wurzeln im Nachäffen höfischer Rituale liegen. Früher Perücke und Puder, heute Päckchen und Türmchen.

- RTL 2 Küche: Herdpartys, Flying Buffets, Krimidinner und kein Ende. Was haben Eventesserei und Foodpornographie mit Genuß zu tun?

- Schaum und Schüssel: Weshalb werden Schaumsüppchen mit einem Spritzer Öl signiert und in radkappengroßen Tellern serviert, in denen der Löffel absäuft. Außerdem: Nieder mit dem schwarzen Satansgeschirr der Zwangskreativen!

- Traum und Wirklichkeit: Es fehlt das *Deutsche Tafelhaus*, gradlinig durchkomponiert. Aber nein, der Boden wird mit Marmor gefliest, das Pissoir elektronisch gesteuert, aber das Brot taugt nicht mal als Pferdefutter.

- Achte die alten Meister: ALFRED WALTERSPIEL wußte, was Luxus ist: „Eine Scheibe ofenfrisches Bauernbrot, mit leicht

Einfach schmeckt gut – Wachtelbohnen, Salbei, Holztisch

gesalzener Butter bestrichen, dazu ein spritziger Riesling und eine Handvoll junger Haselnüsse. Etwas Besseres gibt es nicht."

Küche, Keller, Kundschaft: Wer Nudeln kochen kann, kann noch lange keine Pasta. Deshalb lieber eine *kleine* Karte als gewagte Ausflüge ins Mediterrane. Regionale Produkte, wenn sie am besten schmecken. Eine bürgerliche Küche ist eine gute Küche. Eine Küche, die verdrängt wurde von internationaler Belanglosigkeit, die sich unter Phrasen wie Weltküche, Fusionfood oder Nova Regio breitmacht – nächstes Jahr wird eine neue Sau durch den *Feinschmecker* getrieben!

Keller: Weinbau im Südwesten hat Tradition und Qualität, aber ausgerechnet hier wird die Weinkultur vernachlässigt. Manches ist besser geworden, aber was bringt ein gutes Essen, wenn man gezwungen wird, schlechten oder überteuerten Wein zu trinken?

Flaschenweine: Wann kalkuliert die Gastronomie mit einem einheitlichen Aufschlag je Flasche? Der Serviceaufwand ist der gleiche, und ähnlich wie bei der Speisekarte gilt: lieber wenig und gepflegt, als zu warm, zu kalt, zu teuer, zu lang offen.

Brühwarm: Rotwein hat hinter dem Tresen nichts verloren. Zimmertemperatur bei Rotwein heißt 16-18 Grad. So warm war es früher im Nebenraum oder Schlafzimmer, eben chambriert.

Kundschaft: Ein Lieblingslokal, plötzlich okkupiert vom Offroad-Club aus Quickborn. Jahrzehnte die einfache Wirtschaft, jetzt werkelt der Junior „an einer Sauce von", an der Wand hängen Aquarelle einer Doppelnamen-Künstlerin. Dagegen steht Resopalgemütlichkeit, aber das Lachen ist echt, der Wein kalt. Das kleine Glück, zum richtigen Zeitpunkt am richtigen Tisch zu sitzen, ist nicht planbar. Aber es gibt Gasthäuser, da ist man angekommen. Nur darum geht es.

> *„Wir suchen doch alle*
> *den guten Kartoffelsalat."*

Der Seufzer eines altgedienten Freiburger Gastronomen ist bezeichnend. Gerne wird im Südwesten badisch-multikulturell fusioniert, auch die Grundversorgung für das marodierende Wellfleisch in Ballonseide ist gesichert: Viel und billig gibt's an jeder Ecke. Meinetwegen. Wer Grünschnitt als Salat goutiert und Nudelhaufen mit Putenbrust für mediterran hält, dem wird hier nicht geholfen. Interessanter als noch so ein Szenelokal, war für mich:

Qualität und Haltung. Wo bekomme ich einen handwerklich sauber zubereiteten Fisch statt preistreibender Verknotungen wie Hummertortellini et al? Wo wird tatsächlich regional gekocht, mit ausgesuchter Fleischqualität statt immer gleicher Großmarktware? Wo gibt es was Geschmortes, statt dem ewigen Kurzgebrätel? Und schließlich: wo bekomme ich einen Braten aus der Röhre und einen klaren Jus dazu? Dazu wählbar zwei, drei Beilagen, und zwei, drei frische Gemüse.

Frau sucht Brägele – im Hirschen, Merzhausen

Das Ganze serviert von Leuten, die den aufrechten Gang beherrschen. Das geht doch anderswo auch!

Machen wir uns nichts vor, Stilwillen und Stilsicherheit sind zu Ausnahmetugenden geworden. Solange Freizeitparks und Bratwursthocks zu den Säulen der bürgerlichen Gesellschaft gehören, solange werden auch Fertigsaucen und Salatbuffets überleben. Eine klare Haltung macht ziemlich einsam. Es ist kein Zufall, daß hohe kulinarische Qualität mehr und mehr im privaten Raum kultiviert wird. Es folgen einige Ausnahmen: die Reihenfolge der Adressen ist ohne Wertung.

Bitte beachten: Um Enttäuschungen und Unannehmlichkeiten zu vermeiden, sollten Öffnungszeiten, Ruhetage und Ferienzeiten aller Gaststätten grundsätzlich aktuell überprüft werden. Feste Angaben in einem Buch können die flexible Praxis mancher Häuser nicht zuverlässig abbilden.

Gehobene Küche in Freiburg

Vorurteile sind zäh, eines davon lautet: Freiburgs Gastronomie zählt zur ersten Liga. Die Realität sieht für mich differenzierter aus. Die konventionelle Sterneküche garantiert nur in Ausnahmefällen kulinarischen Mehrwert.

Konkret: Über lange Jahre schien das *Colombi-Restaurant* in Freiburg scheinbar unantastbar. Schon seit geraumer Zeit verblaßt der Mythos, wovon wiederum die *Wolfshöhle* mit ihrem moderneren und frischeren Konzept profitiert.

Ein Sonderfall bleibt die *Enoteca* beim Schwabentor. Ein seit jungen Jahren radikalisierter Gastronom interpretiert dort die italienische Küche in seinem Sinn. Das schmeckt mal delikat, mitunter auch etwas nach Dogma und Olivenöl. Zum Reinschmecken: die gleichnamige *Trattoria* im Weinkeller nebenan, dort auch warme Küche bis 23 Uhr.

Bei vielen anderen Adressen wirken die Bemühungen, einer ohnehin heiklen Küchenauffassung hinterher zu kochen,

Gediegen in der oberen Altstadt: Enoteca-Restaurant

verkrampft oder einfach nur überteuert. Der Markt bereinigt diese Auswüchse in der Regel zuverlässig, so daß Eintagsfliegen hier wenig zu suchen haben.

Colombi, Hotel-Restaurant, Café, Bar. Innenstadt, Rotteckring 16, kein RT, Café Graf Anton tagsüber, Bar ab 18 Uhr bis 3 Uhr, ab 20 Uhr ein Mann am Piano. Telefon für alles: 0761-21 06-0; colombi.de. Hoteleigene Tiefgarage (für Gäste kostenlos). ♣ Terrasse vor dem Haus. Die vom Café aus bewirtete Gehsteigterrasse unter Kastanien hat an einem Sommertag durchaus Charme. Hier wäre einer der wenigen Plätze in der Stadt, wo aparte Lage und spezielles Publikum zusammenkommen – ein Kommen und Gehen mit Unterhaltungswert. **Restaurant-Preise:** hoch; Mittagsmenüs gehoben.

Wolfshöhle obere Altstadt, Konviktstraße 8, Telefon 0761-30303; wolfshoehle-freiburg.de. Attraktive Mittagsangebote, ♣ Kleine Trottoir-Terrasse zur Altstadt. **Preise**: hoch, mittags: gehoben, RT: So und Mo.

Enoteca, Restaurant und Trattoria. Gerberau 21, obere Altstadt 79098 Freiburg; Tel. 0761-38 99 130; enoteca-freiburg.de. Zur Eno-Gastronomie gehört eine Weinhandlung. **Preise**: Trattoria: mittel; Restaurant: hoch (mittags ein günstiger Tagesteller), RT: So und Feiertage.

Einfach gut kochen – Mario Fuchs, Restaurant Drexlers

Bürgerlich & reformiert

In Freiburg ist die Entwicklung wie anderswo: wo hohe Mieten, Systemgastronomie und Laufkundschaft dominieren, kann sich kulinarische Verläßlichkeit nur in Nischen entwickeln. Um so bemerkenswerter sind zuverlässige Leistungsträger wie das Restaurant *Drexlers* am Colombipark. Ein stiller Stern, der zur gehobenen Küche Freiburgs zählt.

DREXLERS – Innenstadt, am Colombipark. Seit der Eröffnung 2007 brummt das Drexlers auf hohem Niveau, offenbar wurde eine hoch solide, aber unprätentiöse Adresse in Freiburg lange vermißt. Zum Erfolg des Drexlers tragen bei: die konstante und frische Küche von Mario Fuchs – so klar und selbstverständlich schmeckt gutes Handwerk. Des weiteren wäre da ein autonom arbeitender Service, der lässig nicht mit nachlässig verwechselt. Sodann Ralph Schmidt, der Inhaber der Weinhandlung *Drexler* in der Merianstraße beim Rathausplatz ist nicht nur Namensgeber und Teilhaber des Restaurants, sondern auch weinverantwortlich im Haus: vom

Gastronomisches Reformhaus – Drexlers, Rosastraße

Gutedel Tischwein bis zur Magnumflasche wäre somit einiges auf Lager, wohltemperiert in deckenhohen Weinschränken.

Immer wieder mittags. Nach Qualität und Preis einzig in Freiburg und weit darüber hinaus ist das Mittagsangebot im Drexlers. Suppe oder Salat, danach die Wahl zwischen zwei Tagestellern (einer davon stets ohne Fleisch/Fisch), das Ganze um die 12 Euro. Jeweils am Freitag gehört ein Fischteller obligatorisch zum Mittagsstandard; dazu kommt an jedem Tag noch ein mündlich angesagter Fisch nach Marktangebot (derzeit knapp unter 20 Euro).

Gerade der Tagesfisch wird hier so sauber zubereitet, wie es mancher Würdenträger zum doppelten Tarif nicht hin bekommt. Nach wie vor kauft Mario Fuchs Fisch auf dem Großmarkt bei Mulhouse ein, „dort finde ich fast immer was Besonderes zum günstigen Preis." Und so gibt es auch mal einen geangelten Kabeljau oder Seeteufel zu Tarifen, für die anderswo nur Notlösungen zu haben sind.

Zwischen 50 und 70 Gedecke kommen allein beim Mittags-service aus der Küche, an vielen Tagen wird jeder Tisch zwei-

Vereinsheim im Oberlindenquartier – Lichtblick, Konviktstraße

mal belegt. Abends gilt eine erweiterte Karte mit Menüange-
boten, darunter stets schöne Fischgänge. Den hohen Stamm-
gästeanteil im Haus kommentiert Mario Fuchs mit der ihm
eigenen Zurückhaltung: „Das kann ja kein Fehler sein." Nein,
es kann kein Fehler sein, wenn ein Koch ausnahmsweise einfach nur gut kocht und kocht und kocht.

Drexlers, Freiburg-Innenstadt (am Colombipark). Rosastraße 9, Tel.
0761-595 72 03; drexlers-restaurant.de. Reservieren (auch mittags)
unbedingt ratsam. **Preise**: mittags günstig, abends: gehoben, **Wein-
preise**: gehoben. RT: Sa-mittag, So und Feiertage.

LICHTBLICK – Altstadt, Oberlinden: Jeder Kiez hat seine
Kantine und Freiburgs obere Altstadt hat auch ein Milieulokal.
Zur Mittagstafel treffen sich hier Vertreter der spätbürgerli-
chen Mitte; und darunter einige Kollegen, die Zeit und Nei-
gung für ein ordentliches Mittagessen unter Gleichgesinnten
verspüren. Als da wären: Erben und Privatiers, Gastronomen,
letzte Altstadtbohème. Man kennt sich schon etwas länger.

Quartiersgaststätte heißt so was und der Lichtblick erfüllt
besonders über Mittag die Funktion eines Vereinsheims im
Oberlindenquartier. Das Programm mit täglich wechselnden,

Erster Vorstand – Hirschenwirt Marc Isaak

sehr preiswerten Mittagsangeboten, jeweils mit Suppe oder Salat, Hauptgang und Kaffee ist stimmig und man fragt sich einmal mehr, warum nicht öfter so? Auch die Weinauswahl zu zivilen Preisen paßt zum zweckdienlichen Charakter des Hauses. Die Teller kommen frisch und flott, Gastgeber Udo Gross wuselt mit guter Laune zwischen dicht stehenden Tischen. Am Abend ist der Lichtblick ein etwas anderer: es kommen Pistengänger, Paare, Passanten. Die Karte reicht von Carpaccio bis Wolfsbarsch vom Grill. Für meinen Geschmack zählt die Mittagsspeisung wegen ihrer unprätentiösen Art zu den Stärken des Hauses. Bekömmliche Normalität, die anderswo von Überambition verdrängt wurde.

Restaurant Lichtblick, Freiburg, obere Altstadt. Konviktstraße 41, lichtblick.de, Tel. 0761-292 809 40, **Preise**: günstig-mittel, RT: So und Feiertage mittags.

HIRSCHEN – Merzhausen. Ein Bild von einem Gasthaus: die Stube mit Holz ausgeschlagen, nicht vollgestopft mit Folkloreplunder. Niedere Decke, Knarzedielen, dazu kommt der selten idyllische Garten unter Weinlaub. Unter den Gästen

Brägele trifft Prada – in der Hirschenstube

die typische Mischung des Freiburger Südens: Wohlsituierte, Eingesessene, Altkluge: mir san mir auf gut Badisch, mitunter auch etwas Hexentäler Kommödienstadel.

Seit Generationen wird eine kleine Standardkarte im DIN A5-Format mit konventioneller Küche geboten. Darunter vor allem Klassiker und Regionales in der Fleischküchle- und Kalbsleberleklasse, durchweg ordentlich realisiert. Die dünn gehobelten Brägele mit röscher Kruste gehören zum Markenkern, sie haben Referenzqualität. Tagesangebote stehen auf der Tafel, beim Weinangebot findet man zwischen regional und international immer etwas, auch Etikettentrinker.

Die Atmosphäre in einem der angenehmeren Traditionshäuser am Rande Freiburgs hat sich herumgesprochen. Obwohl die alte Besuchergarde des Hirschen mittlerweile zur Generation Treppenlift zählt, herrscht ein munteres Kommen, Schauen und Urteilen. Zu den Eigenheiten der niederen Stube zählt der Lärmpegel unter Vollast und die recht enge Platzierung des Publikums. Freilich wird Hüftkontakt von einigen Gästen toleriert, mitunter auch gesucht. Zum Reiz des Hauses zählt seit jeher neben dem Kulinarischen das Soziale,

Hier tranchiert der Chef – Maître Baumgartner im Hirschen, Lehen

somit wechselt die Gunst der Stunde mit der Mischung des Publikums. Wer Stubencharme mit einer Prise Extravaganz schätzt, sitzt hier in erster Reihe.

Hirschen, 79249 Merzhausen, Ortsmitte. Tel. 0761-40 22 04; hirschen-merzhausen.de, ab 17 Uhr, ♣ selten romantischer Garten unter Weinlaub. **Preise**: überwiegend mittel, ab 17.30 Uhr, RT: Mo.

HIRSCHEN – FR-Lehen. Ein gemischtes Doppel aus gediegenem Gasthaus und neuem Hotel, verkehrsgünstig und doch ruhig nah der Autobahnausfahrt Freiburg-Mitte. Im alten Gasthaus mit den dunklen Holzkojen geht es urgemütlich, aber alles andere als altbacken zu. Das *Hirschen Hotel* im Landhausstil bietet Seminarräume und Wohlfühlzonen – somit ein Platz für's nächste Gebietsleitertreffen. Wer nur ein modernes Zimmer sucht, liegt im Hotel aber ebenso gut. Die Gastronomie dort ist eher etwas für den Tagungs- und Hotelgast, oder auf eine Kleinigkeit an der Bar.

Gelernte Freiburger bevorzugen aber eindeutig die Traditionsstuben, sie haben mit ihrer gepflegten Patina in Freiburg wenig Konkurrenz. Dazu kommt ein Wirtsgarten, der durch den Hotelbau zwar vom alten Format eingebüßt hat, aber

Holzbank, erster Klasse – Hirschen, Lehen

nach wie vor attraktiv ist. Im Hirschen erfreut ein geübter Service und eine Küche, die seit Jahr und Tag gehoben-mittelständische Bedürfnisse bedient. Kulinarisch bleibt einem Banales ebenso erspart wie Visionäres. Die Karte reicht von unverwüstlichen Hirschen-Klassikern bis zu Ambitioniertem aus der Fischküche. Im Spätherbst werden die Gänse schier im Akkord tranchiert, eine Aufgabe, die der Chef behänd löst. Die Standards stimmen durchweg, kulinarische Klimmzüge erwartet niemand. Hirschen-Gäste wollen keine Überraschung, sondern Bestätigung.

Die gastgebenden Gebrüder Baumgartner sind ausgefuchste Gastronomen, aber auch Ökonomen, dies zeigt auch die Kalkulation mancher Flaschenweine, die nicht Lehener, sondern großstädtisches Niveau haben. Gleichwie, im Freiburger Westen gibt es auf diesem Niveau in der Breite kein vergleichbares Angebot. Die nächste Generation ist bereits am Start, der Hirschen steht und er bleibt bestehen. Ein Platz, der – mit angemessener Erwartung besucht – kaum enttäuschen kann.

Gasthaus Hirschen, 79110 FR-Lehen, Breisgauer Str. 47, Tel. 0761-82 118. ♣ Schöner Wirtsgarten für eine Auszeit am Stadtrand. Kein

Läuft rund – Kühler Krug, Günterstal

Restaurant-RT; hirschen-freiburg.de, **Preise**: mittel-gehoben. **Clarion Hotel Hirschen**, 70 Zimmer mit Balkon, Sauna, Dampf- und Freibad im Hotelgarten; Bar, Hotel-Restaurant mit Terrasse und Garten (dort kein RT), Tagungsräume, Tel. 0761-8977690; clarion-hotel-freiburg.de

KÜHLER KRUG – FR-Günterstal. Es gibt Gäste, die finden das Traditionslokal am Torplatz von Günterstal konventionell und bieder. Ich mag den kühlen Krug so wie er ist, mit seinem Polstermöbel-Retrocharme und der konventionellen Küche. Es gibt hier gewissenhaft gekochte, angenehm unaufgeregte Gerichte: stets einen Strauß an Vorspeisen, darunter gute Fischsuppe, Hauptgerichte wie Saiblingsfilets mit Fenchelgemüse, Rinderroulade und andere geschmorte Klassiker, im Winter Schlachtplatte, im Herbst ofenfrische Freilandgans, mit Rotkraut, Pürree und glasigen Kartoffelklößen, alles nach bürgerlicher Praxis, wie das Frischfischangebot im Krug. Das schätzen Gäste, die nichts mehr müssen. Was auch daran liegen könnte, daß sie schon einiges gesehen haben. Und gegessen. Das Lokal wirkt wie eine Limousine mit sanft schaltender Automatik: weit gestellte Tische mit Stammgästen aus Günter-

Touristen und Gastprofessoren – Oberkirch am Münsterplatz

stäler Halbhöhenlage, der Service präsent, ohne Allüre. Dazu eine mehr als vernünftige Weinkarte, alles voll befriedigend. So gehört der Kühle Krug zur überschaubaren Zahl der Lokale, die Freiburgs Ruf als Metropole der Behaglichkeit bestätigen.

Kühler Krug, FR-Günterstal, Torplatz 1, Tel: 0761-29103; kuehlerkrug. de, ♣ Sommerterrasse. **Preise**: mittel, RT: Mi.

Einkehr am Münsterplatz: Der Markusplatzeffekt gilt auch in Freiburg. Nur unverbesserliche Optimisten erwarten am bekanntesten Platz einer Stadt kulinarisch Herausragendes. Am Münsterplatz wird man satt, man bekommt zu trinken, sieht Leute, das war's dann auch. Der Münsterplatz ist die gute Stube Freiburgs, kulinarisch aber eher Diaspora. Freiburger wissen das, aber sie sagen es nicht gerne. Der Heiligenschein der Stadt ist sakrosankt.

Immerhin, im Rappen (Nordseite) und im Oberkirch (Südseite) wartet altbadisches Ambiente, im Oberkirch besonders in der Kachelofenstube, gleich rechts des Eingangs. Dazu

Klassiker mit Zukunft – die Weinstube

kommt ein Publikum zwischen Allerweltstourist und Gastprofessor. Zur Saison – der Münsterplatz hat immer Saison – wird es gerne international. Somit wären die Traditionshäuser eher ein Platz für Freiburganfänger, oder so: man genieße die Stimmung und halte sich an unverwüstliche Standards. Summe: Einmal mehr bestätigt sich eine Freiburger Einkehrmaxime, derzufolge weite Bereiche der Altstadt nicht nur aus Gründen der Höflichkeit für Touristen aus aller Herren Länder freizuhalten sind.

Weinstube verzweifelt gesucht: Vor lauter Szenelokalen ist der Urmeter einer Badischen Kommunikationsgaststätte aus der Mode geraten: manchmal steht zwar Weinstube auf der Fassade, aber es ist selten drin, was draufsteht. Eine Bar kann nicht besser sein als die Stadt, in der sie liegt. Eine Weinstube auch nicht. Freiburger Kuriositäten, der geistvolle Weintrinker gehört nicht mehr zum Inventar einer Universitätsstadt. Zur Erinnerung wie es war, wie es sein könnte, wie es wieder kommen wird, so ab 2020:

Fast wie der alte – Ochsen, Zähringen

„Es kommt nicht allein auf den Wein an, auch das Glas ist wichtig, der Tisch, die Bank, der Schmuck der Wände und der ganze Raum (...). Weder die kalte Pracht einer Hotelhalle noch die Dürftigkeit so vieler Restaurants vermag den Rahmen abzugeben für eine Weinprobe oder für ein fröhliches Trinken. Badische Gastwirte alter Tradition haben erkannt, was hier das Rechte ist. Sie wählten eine heimelige, holzgetäfelte Stube und richteten sie mit einfachen aber kräftigen Tischen, Stühlen und Bänken ein. Hölzerne Leuchter, ein paar gute Stiche an der Wand und etwas Zinngeschirr auf den Gesimsen vervollständigen den Eindruck der Behaglichkeit, den eine solche Weinstube ausströmt."

Aus: *Reben am Oberrhein*, Verlag Meininger, Neustadt 1952.

OCHSEN – Feiburg-Zähringen. Der Ochsen ist ein Unikat. Es gibt wohl kein zweites Quartiersgasthaus in Freiburg, das schichtübergreifend soviel Stammgäste anspricht. Es kommen Praktikanten und Emeritierte, luxusmüde Golfer und Extremsportler, die nach einer Woche Sylter Austern direkt in den

Mann, Wirt, Gasthaus – Michael Winterhalter, Ochsen, Zähringen

Ochsen flüchten und wie immer eine ganze Portion Schnitzel bestellen: das wären dann drei panierte Einheiten, eine Glasschüssel Salat und eine Platte fausthoch mit Brägele beladen. Im Ochsen gibt es zwar eine Karte, aber wer danach fragt, ist Anfänger. Hier wird *a voce* bestellt, gegessen wird, was aus der Küche kommt: dünn ausgeklopfte Schweineschnitzel, die kleine Portion mit zwei (!) waschlappengroßen Exemplaren, dazu gibt es handwarmen Kartoffelsalat oder eben Brägele. Zu den Klassikern im Haus zählen außerdem Bratwürste, Kalbsleberle, öfter auch mal Wild aus dem Schwarzwald (der Wirt ist Jäger) – alles ohne Zierleisten runtergekocht und reelleinfach serviert von adretten Serviertöchtern. Kleine, aber sehr brauchbare Weinauswahl (u.a. von Lang, FR-Munzingen).

Außen wirkt der Ochsen abgewettert, der Gastraum bietet Erdung und Holzbehaglichkeit, dazu kommt ein großes, unter Last recht lautes Nebenzimmer. Nach wie vor wird Alufolie zum rituellen Einpacken gereicht und genutzt. Ein Institut, das jeder Mode widersteht.

Zum Ochsen, (Michael Winterhalter), Zähringer Str. 363, 79108 FR-

Gastronom und Seelsorger – Volker Schneider, Goldener Anker

Zähringen, Tel. 0761-55 38 60. Reservierung sehr ratsam. Ab 17.30 Uhr. ♣ Kleiner Garten. **Preise**: günstig, ab 17.30 Uhr, RT: Mi.

GOLDENER ANKER – FR-Wiehre. Eigentlich müßten Quartiersgaststätten milder besteuert werden. Eine funktionierende Einkehr garantiert bekanntlich eine soziale Grundversorgung, die ansonsten von hoch bezahlten Sozialingenieuren geleistet werden müßte. Lange vor dem Helferkreis war die Gaststätte.

Der Goldene Anker ist so eine Sozialstation. Sie liegt kurioserweise mitten in einem Milieustadtteil, dessen Bewohner sich zur Behandlung auch mal gerne auf die Couch begeben. In Anker sitzt man jedoch aufrecht, es gibt Nahwärme und Emotion, allabendlichen Klatsch, Sky-Fußball bei SC-Spielen – eine soziale Echokammer mit Faßbierausgabe. Außerdem bekommt man auch zu essen, preiswert, warm, reichlich, freundlich und zügig.

Viele wollen heute irgend etwas mit internationalen Beziehungen machen, Anker-Wirt Volker Schneider hat etwas aus lokalen Versorgungslücken gemacht. Also gibt es täglich

Im Bier ist Hoffnung – im Goldenen Anker

einen beliebten Mittagstisch und abends wird der Anker zum Platz für alle, die nicht mit dem goldene Löffel speisen wollen: Zwiebelrostbraten, Cordon bleu, Fleischküchle, Innereien und solche Sachen.

Eine Tafel mit Tagesangeboten sorgt für Abwechslung, manche Besucher auch. Seelsorger Schneider ist stets anwesend, er duzt und herzt viele, aber nicht alle – und er dirigiert eine Combo aus Stammgästen, Patienten und Mitarbeitern so souverän, wie es nur geborene Gastgeber können.

Nochmal, es geht hier nicht um kulinarische Kabinettstükke, sondern um die Grundversorgung der arbeitenden Klasse im weitesten Sinne. Delikatessen suche man anderswo, das kleine Menü besteht hier aus dem Gesamteindruck.

Goldener Anker, FR-Wiehre, Uhlandstraße 13, Tel. 0761-888 51 53; goldener-anker-freiburg.de; ♣ Kleine, lauschige Gartenterrasse zur Uhlandstraße hin. **Preise**: preiswert, RT: mittags am Sa; So und Feiertage.

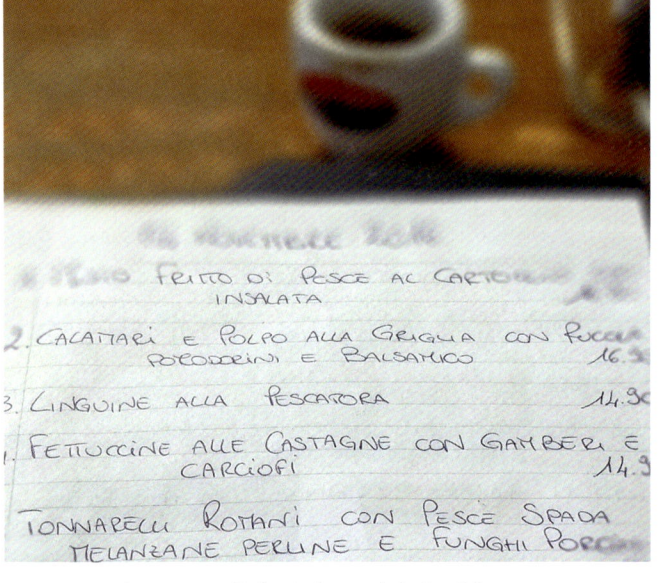

Immer nur Brägele ist auch keine Lösung

*Ohne Antipasti und Pasta, Sushi und Wok,
wäre das kulinarische Freiburg ärmer.*

Pasta, Tapa, Curry & Illusion

Manchmal fragt man sich schon, weshalb kundennahe Konzepte so zur Domäne der Ethnoküche wurden. Von altgedienten Verbandsgastronomen ist außer Gejammer und Gästebeschimpfung wenig Neues zu vernehmen. Schon deshalb möchte man Seiteneinsteigern, die sich um eine Grundversorgung kümmern, zurufen: Schön, daß es Euch gibt!

Für den Rest mag gelten: „Kocht Euch doch ins eigene Grab." Manchem altdeutsch ausgebildeten Küchenmeister fällt seit Jahren wenig mehr ein, als Großmarktware zu regenerieren, während gastronomische Migranten für frischen Wind sorgen. Freiburgs kulinarische Innenstadt wäre ohne Antipasti und Pasta, ohne Sushi und Wok kaum vorstellbar.

Ähnliches gilt für Stadtteiltheken und Exoten. Keiner kennt sie alle, ich auch nicht. Andererseits sollte man sich keinen Illusionen hingeben. Mancher Türke macht auf Italien, mancher Thai auf Japan, über Mittelklasse kommen die wenigsten Asiaten hinaus. Seit Jahrzehnten schwärmt alle Welt von Tapas und Baskischer Mikrogastronomie, von Austernbars und Piemonteser Menüs. Sehr zu recht. Was in Freiburg ankommt, ist leider oft nicht mehr als eine mäßige Kopie des Originals.

* Einen Blick auf die Ethno- und Nischengastronomie wirft Stefan Elsemann: **Gaumenschmaus und Rachenputzer**, Rombach Verlag. Darin gut 60 Adressen, allesamt überaus wohlmeinend betrachtet.

Kleines Gedeck – Sushi Kombination „Basho-An"

BASHO-AN: Ein richtiger Japaner, kein Restaurant, das nur
Japan spielen will. Speziell bei Sushi und Sashimi bietet Basho-
An hohe Qualität in nüchternem, etwas dicht möblierten Ambiente. Alternativlos in Freiburg und um Freiburg herum. Eine
solche Küche kann nicht so billig sein wie ein All-you-can-Eat
oder „Schiffchen-Japaner". Einigermaßen preiswert sind die
kombinierten Menü-Angebote am Mittag, auch die Sushi-
Basisauswahl namens *Basho-An*. Der Klassiker ist seit Jahren
im Programm, die Einheiten wurden etwas kleiner, dennoch
ein außergewöhnliches Angebot.

Die Preise am Abend sind eben noch gerechtfertigt, Wein
und andere Getränke werden forsch kalkuliert. Typisch für
einen Japaner, daß man hier selbst nach einem ausgedehn-
ten Mahl befriedigt, aber nicht gemästet vom Tisch geht. Ein
Bauchgefühl, das in der Brägelehauptstadt Freiburg nicht
selbstverständlich ist. Die Lage genau gegenüber der Schwarz-
wald-City-Passage ist zwar zentral und praktisch anzufahren,
aber doch etwas beengt. In der Gesamtschau bleibt Basho-An
eine Bereicherung des Freiburger Fernost-Angebotes, in der
Oberklasse eine der wenigen seriösen Adressen.

Japan an der Schwarzwald City – Mittagstisch im Basho-An

Basho-An, 79098 Freiburg, Merianstraße 10, Tel. 0761-28 53 405; bashoan.com. Sushi und Sashimi auch zum Mitnehmen. **Preise**: abends gehoben-hoch, mittags mittel. RT: So, Mo und Feiertage

Sushi Bar Etwas versteckt in der Dietler Passage gibt es eine brauchbare Bar mit Theken-Laufband und den bekannten Vor- und Nachteilen des Tellerchen-a-Gogo Konzeptes: Sehr günstige Komplettangebote (Suppe, Tee und fünf Schälchen mit jeweils zwei bis vier Einheiten um 10 Euro), unkompliziert-schneller Ablauf, individuelle Wünsche auf Nachlieferung werden à la Minute aufs Band gesetzt. Niemand wird bei diesen Preisen feinmechanische Qualität erwarten, aber immerhin eine Alternative, wenn es mal zügig, fleischlos und leicht sein darf. Gastfreundliche Mittags-Öffnungszeiten: werktags von 12 bis 15.30 Uhr und wieder ab 17.30 Uhr (rund um die Büro-Mittagspause viel Betrieb!), Sa durchgehend ab 12 Uhr, So ab 17.30 Uhr. Altstadt, Grünwälderstraße 10; sushibar-freiburg.de.

CHADA THAI – FR-Herdern.

Auf der plantanengesäumten Richard-Wagner-Straße schieben Mütter schicke Kinderwägen auf breiten Bürgersteigen. Am Hang verbirgt sich hinter mancher Villa ein kleiner Pool; vereinzelt das Schild eines Bauträgers. Die Claims sind begehrt, aber vergeben. Was Immobilien betrifft, gleicht ein frei stehendes Wohnhaus in Herdern einem Lehrstuhl an der Uni. Man bleibt, wo man ist.

Gastgeberin Arraya Leber, Chada Thai

Bereits 2012 kam die Kokosmilch ins gediegene Herdermer Musikerviertel, schon zum Mittagstisch füllt sich das geräumige Dschungelstüble: Senioren vor mariniertem Hähnchenspieß und Curry rot/gelb, dazwischen Gäste aus nahen Praxen und Instituten, Oma und Enkel an Wokgemüse – tout Herdern eben. Eine Schale Reis hat noch keinem geschadet.

Klaus und Arraya Leber haben zunächst in Malterdingen bewiesen, wie Thai im Breisgau gehen kann (vgl. dort), danach kam der Freiburger Ableger. Auch der wird – trotz einiger Schwankung – rege angenommen. Das Konzept strebt in Preis und Qualität nicht nach Exzellenz, sondern nach Mitte.

Rind, Schwein, Lamm, Geflügel, Garnelen – fünf mal Eiweiß mal fünf Beilagen macht fünfundzwanzig, wer das mit den möglichen Saucen und Zubereitungsarten multipliziert, ist schnell im dreistelligen Bereich. Dazu Vorspeisen, Thai-Tapas und mehr – also wird die Speisekarte zum dicken Brett. Nicht alles muß allen schmecken, aber jeder findet hier was. Die Dinge kommen ordentlich, Spezialitäten werden erklärt so gut es geht, Wünsche nach Schärfe etc. berücksichtigt. In der Summe also ein passables Angebot.

Soom poong
Laotisch-Vietnamesische Küche

Involtini asiatisch – Frühlingsrollenterzett

Chada Thai will ein Haus ohne Allüre sein, die sekundenge-naue Zubereitung eines Siamesischen Riesenkarpfens suche man anderswo. Außerdem gibt es hier nicht nur Ethnoküche, sondern eine angenehme Grundstimmung. Fazit: Im kulina-rischen fest gefügten Milieu Freiburg-Herderns ist Chada Thai eine erfreuliche Bereicherung.

Chada Thai, 79401 Freiburg-Herdern, Richard-Wagner-Str. 24, Tel. 0761-88157905; chadathai.de. **Preise**: günstig-mittel. ♣ Freiterrasse unter Kastanien auf einem Holzpodest.

SOOM POONG– Unterwiehre. Das Basler Tor – ein Hoch-hausklumpen zwischen Unterwiehre und südlicher Vorstadt – gehört nicht zu Freiburgs Vorzeigevierteln. Im Rücken der Hochhäuser liegt eine Schlucht mit 2B-Lagen, auch da muß man nicht hin. Vorne am Eck zur Merzhauer Straße schließ-lich das vietnamesich-laotische Lokal Soom Pong, es wirkt zunächst gewöhnlich wie noch so ein Asiate. Die schlichte Einrichtung fällt auch nicht weiter auf, die einfache und fri-sche Küche ist aber bemerkenswert. Mittags gibt es für kleines Geld schlicht und sauber gemachte Tagesessen, die leicht um ein, zwei Vorspeisen zu erweitern sind. Wer zum Beispiel

Immer wieder mittags – volle Hütte im doc, Gerberau

die knackig-heißen vietnamesischen Frühlingsrollen wählt (3 Stück 3,80 Euro), bekommt einen Aha-Effekt serviert. Fingerfood bei Soom Poong geht so: Das knusperheiße Röllchen mit frischem Minze- oder Korianderblatt würzen, in Kopfsalatblatt rollen und thermisch isolieren, mit Sauce benetzen, reinbeißen, freuen. Einmal habe ich bei Soom Poong eine Portion Reis extra bestellt. Es kam eine Schale Reis, zart und rein wie neuer Schnee, nur wärmer. Das kostet einen Euro extra und so eine Schale Reis leuchtet den ganzen Tag. Was will man mehr am Basler Tor.

Soom Poong, Freiburg-Süd, Merzhauser Str. 14 (Basler Tor Passage), Tel. 0761- 590 45 945; soom-poong.de, RT: Di.

d.o.c. – Gerberau: Mittags ein flotter Teller, abends Cucina casalinga mit kleinem Menü, hausgemachter Pasta und persönlich-angenehmer Atmosphäre. Ein lebenssatter Platz in der Altstadt mit treuen Gästen, die hier kulinarisch gut klarkommen. Neben den preiswert von der Theke weg angebotenen SB-Mittagstellern gibt es abends ein kompaktes *Trattoria-Angebot* – Tobia und Babette Iannicelli zeigen im

Frische Pasta am Abend – Gastgeber Tobia, doc, Gerberau

d.o.c. wie's geht: über Mittag wird der Klassiker Risotto direkt aus einem Parmesan-Laib geschöpft (Langkorn, kein Rundkorn-Reis, aber auch der schmeckt picobello), nach freier Wahl kann mit Antipasti aus der Theke kombiniert oder veredelt werden, Tagespasta gibt es, solange der Vorrat reicht. Tobias Laden läuft unkompliziert, konstant seit Jahr und Tag, bezahlbar. Dazu ein Wein des Tages und intensiver Caffè in Originalqualität. Die solide *Abendküche* beschränkt sich, auch wegen der offenen Küchen-Umgebung, auf wenige, aber stets frisch zubereitete Klassiker. Speziell die Pasta des Hauses hat Klasse, Babettes hausgemachte Desserts sind vorzüglich. All dies wird in ansprechender Umgebung und mit einer Einstellung angeboten, die von doofdeutscher Putenbrustküche meilenweit entfernt ist. Mille grazie!

d. o. c. (dispensa, osteria, culinaria), FR-Altstadt, Gerberau 9, Tel. 0761-38 24 14; doc-osteria.de, ♣ Mit ein paar Tischen auf der Gass'. Preiswerte Mittagsgerichte: Tagespasta, Antipasti, Risotto. Abends Trattoria, hausgemachte Pasta, kleines Menü ab 30 Euro, auch Einzelgänge. Geöffnet über Mittag von Di bis Sa; sowie Do bis Sa 18.30 Uhr - 22 Uhr; So und Feiertage geschlossen. **Preise**: mittags preiswert, abends mittel (abends reservieren, vor allem Richtung Wochenende!).

Abgeklärt – Angelo Pellegrini, Tizio

TIZIO – Rathausgasse-Rotteckring. Zentral gelegene Trattoria mit breitem Angebot von Antipasti über Mittagstisch bis zur Einkehr nach dem Theater. Auf der Tafel stehen mehr als genug Tagesgerichte, auch einzelne Menüvorschläge. Ein Teller frische Pasta, Fisch, Fleisch, mit oder ohne Trüffel, schier alles ist im Tizio möglich – somit wäre hier eine urbane Universaladresse, die es einfach braucht. Die Tische stehen dicht, es wabert und wuselt, das Konzept stimmt: Die informelle Atmosphäre paßt gut zur Küche, die keine Artistik anstrebt, sondern sehr brauchbare Lösungen bietet. Alles kommt vernünftig zu Tisch, die integrierte Enoteca garantiert eine breite Weinauswahl. Angelo Pellegrinis Trattoria ist eine für Alle.

Tizio (Angelo Pellegrini), Rathausgasse 35/Rotteckring 14, Tel. 0761-2925711; tizio-freiburg.de ♣ Einige Gehsteigtische, demnächst mehr. **Preise**: günstig-mittel. RT: So und Feiertage.

PRIMO Market & Trattoria – beim Siegesdenkmal. Ein kulinarischer Zwitter: der Primo-Supermarkt hat sich mit den Jahren zu einer großen Werkstatt-Trattoria mit offener Küche; Pizzaofen und Antipasti-Theke gewandelt. Wo früher Regale

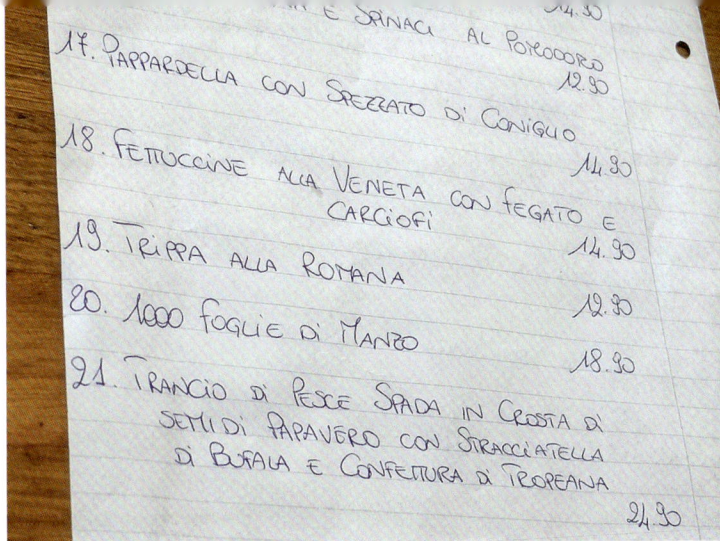

E SPINACI AL POMODORO
14.30

17. PAPPARDELLA CON SPEZZATO DI CONIGLIO
12.30

18. FETTUCCINE ALLA VENETA CON FEGATO E
CARCIOFI
14.30

19. TRIPPA ALLA ROMANA
14.90

20. 1000 FOGLIE DI MANZO
12.30

21. TRANCIO DI PESCE SPADA IN CROSTA DI
SEMI DI PAPAVERO CON STRACCIATELLA
DI BUFALA E CONFETTURA DI TROPEANA
21.90

18.30

Pappardelle, Trippa, Foglie e Trancio, im Primo-Market geht alles

standen, wird nun Pasta unter hallenhellem Licht serviert – Atmosphäre brut, Stimmung kommunikativ, eine Kantina. Bis zu 20 Tagesgerichte werden an der Durchreiche vom doppelseitig beschriebenen A4-Blatt rituell rezitiert, wobei sich Mamma um einen kräftigen Akzent bemüht. Der Deutsche liebt es italienisch, hier bekommt er eine pfiffig choreographierte Mischung aus Improvisation und Illusion.

Der Market brummt mittags und abends trotz strammer Preise und gewöhnlicher Zubereitung. Der Werkstatt-Charme trägt zum Erfolg sicher maßgeblich bei. Geboten wird ein breites Tutti Frutti: Pizza, Zuppa, Fritto misto di Pesce, Hartweizenpasta, Pasta fresca in vielerlei Varianten, Ravioli, Risotti, Gnocchi, Schwertfisch, Gamberi, es wird gekocht, gebraten und gesotten und man fragt sich, wie das alles zusammen geht. Aber irgendwie geht hier alles und vielen schmeckt es. Auch bei der Weinauswahl volksnaher Pragmatismus. Klar, daß der gastronomische Erfolg zu Lasten des Markt-Sortiments geht. Die Frischware ist aber zumindest während der Wintermonate eine Freude, freilich zu gehobenen Preisen. In

Wo die Nacht den Tag umarmt – Casa Española

der Summe ist der Primo Market eine Bühne für italienische Momente, wozu die Pose ebenso zählt wie die Pasta.

Primo Market, Bernhardstraße 6 (nähe Siegesdenkmal), werktags von 11.30 bis 15 Uhr, 18 bis 22 Uhr. Offene Küche mit großer Tageskarte, **Preise**: mittel-gehoben. Tel. 0761-292 24 41, RT: So.

CASA ESPAÑOLA – Altstadt. Die *Casa* gilt als robuste All-zweckadresse am Rand des nachtaktiven Freiburger Bermu-dadreiecks. Das Haus bietet alle Optionen vom Mittagstisch über einen Aperitiv mit Tapas an der Theke bis zum späten Absacker. Es gibt Privatiers, die fast täglich zum Mittagstisch kommen, und es gibt abendliche Pistengänger, die noch eine Ración Ibérico (in Originalqualität) vor oder nach der Streife nehmen, was in Freiburg sonst kaum möglich ist. Die Casa ist eine für alle, ihr kommunikatives Moment und das pro-fessionelle und stabile Betriebssystem der beiden Inhaber machen ihre Stärke aus. Dazu passen die volkstümlichen Wein- und Cavapreise, sowie Gäste, die den Wechselfällen des Lebens aufgeschlossen gegenüber stehen. Das Spanische Haus ist kein Swingerclub, aber ein bissle was geht immer –

Basislager nahe der Piste – Cabaña-Bar, Fischerau

mag der eine oder die andere denken und Maß nehmen. Wer's etwas ruhiger mag, findet im Souterrain Möglichkeiten zum Reden und Männerverstehen. Einfach nur auf ein paar Tapas oder eine Cañja Waldhaus reinschauen geht natürlich auch. Eigentlich geht hier fast alles.

Casa Española (Benedikt Garrido, Thomas Kleis), Adelhauserstrasse 9, 79098 Freiburg. Tel. 0761-20 23 040; casaespagnola.de, günstige Mittagsangebote, Tapas, Ibéricos. ♣ Freisitz unter Platanen, RT: So.

CABAÑA, Altstadt-Fischerau. Entwaffnend offen firmiert die Trinkhütte in der Fischerau als *Möchtegern-Spanier*. In mancher Hinsicht wirkt die Cabaña wie eine abgespeckte Version der nahen Casa Española: ein Schlauch in der schmalen Fischerau, blanke Tische, eine Shortlist mit Tapas. Das Leben ist kompliziert genug, nach Feierabend wird in der Cabaña alles einfacher, ein paar Tapas, eine Flasche Tinto und die richtigen Leute am Tisch. Die Cabaña ist ein beliebtes Basislager. Vor oder nach einer Altstadt-Exkursion keine schlechte Wahl.

Cabaña, Altstadt, Fischerau 30, geöffnet ab 18 Uhr, Tel. 0761-514 642 18; moechtegernspanier.de, RT: So.

Café im Stehen – Kolben-Kaffee am Martinstor

*Inseln im städtischen Strom – manche sind süß,
manche feucht, andere liegen weiter draußen.*

Feine Ecken, stille Nischen

KOLBEN-KAFFEE – Innenstadt, Martinstor. Das lebhafte Selbstbedienungs-Stehcafé mit Patisserie- und Sandwichauswahl gehört zu den Freiburger Institutionen. Unter der Woche von der Früh bis Feierabend ein Platz für eine Auszeit zwischendurch oder en passant (mit Außer-Haus-Verkauf). In der Freiluftsaison mit einem Straßencafé im angrenzenden Gässle. Das Kolben-Kaffee bietet Kaffee aus professionell geführten Maschinen (mehrere Sorten), Zubereitung von Ristretto bis Café Creme – und das in einem Land, das den Kinderkaffee *Latte macchiato* verehrt.

Serviert wird mit hohem Umschlag, in zwei Stehabteilen, bei gutem Wetter auch mehrreihig in der Gasse zur bewirteten Markthalle. Die Auswahl und Qualität des Kleingebäcks und der Baguettes liegt über dem Durchschnitt, bei einfacher Präsentation. Besonders ist das Sortiment an Kuchen und süßen Stückchen, die tagesfrisch nach französischer Patisserie-Manier gefertigt werden (auch sonntags). Layout und Betriebssystem wirken mittlerweile so bewährt wie betagt. Offenbar scheut man sich, das bestens eingelaufene System zu reformieren. Auch gut, so bleibt es beim Klassiker, dessen Angebot über dem Gewohnten liegt.

Süßer Showroom – Confiserie Gmeiner

Im angeschlossenen Gehsteigcafé sitzt man in der warmen Jahreszeit zentral, dennoch separiert vom steten Passantenstrom am Martinstor. Zudem wäre hier ein luftiger Platz für den Tagesbeginn mit Zeitung und Croissant. Ein brauchbarer Boxenstop.

Kolben-Kaffee, Kaiser-Joseph-Straße 233 (am Martinstor), täglich geöffnet, innen Stehcafé, ♣ Freiterrasse vor der Markthalle. Verkauf auch über die Straße, hauseigene, französische Patisserie auf vergleichsweise gehobenem Niveau, Tel. 0761-38 70 00; von 7-19 Uhr, So ab 10 Uhr.

GMEINER – Innenstadt-Gerberau. Die Ortenauer Qualitäts-Confiserie bietet in ihrer Freiburger Filiale ein Showroom-Konzept mit Cafébetrieb auf zwei Etagen. Im Erdgeschoss eng möbliert und stark frequentiert, im 1. Stock mit tiefer Decke und anstrengender Akkustik. Somit gibt es hier manch Feines, aber keine klassische Kaffeehausstimmung. Das Ladenlayout der Freiburger Dependence wirkt gepflegt und urban, was in der ungekrönten Hauptstadt von Rucksack und Bequemschuh Beachtung verdient. Das Angebot an hochwertiger Zuckerbäckerei ist in der Stadt derzeit ohne Konkurrenz – eine Bereicherung, die gerne angenommen wird.

Fein sortiert & arrangiert – Chocolaterie, Kaiser-Josef-Straße

Confiserie Gmeiner, Kaiser-Joseph-Str. 243, Tel. 0761-42 99 17-30; chocolatier.de, von 10 bis 18.30 Uhr. Weitere Betriebe in Offenburg, Oberkirch und Baden-Baden (Café König), alle mit Café. Details zur Freiburger Niederlassung vgl. auch S. 207.

SCHOKOLADE: Als Orientierungshilfe für Selbstversuche oder bei bereits bestehender Abhängigkeit mag der jährliche deutsche Durchschnittsverbrauch von vier Kilogramm Tafelschokolade pro Person dienen. Inklusive Pralinen, Riegel und Osterhasen sind es acht Kilo. Einschlägige Adressen liegen rund um Martinstor und Kaiser-Joseph-Straße dicht beieinander:

Confiserie Rafael Mutter, Gerberau 5, Tel. 0761-29 27 141, große Auswahl an hochwertiger Ware, sehr gute Pralinen, ansprechende Präsentation. Mit Kaffee-Ausschank und süßen Teilchen, recht ruhige Sitzmöglichkei drinnen. Eine süße Insel.

Chocolaterie, Kaiser-Joseph-Straße 265. Tel. 0761-35375. Liebevoll gestaltetes nostalgisches Ladenlokal mit einem Sortiment internationaler Spitzenproduzenten (Zotter u.v.a.); dazu in der kleinen, aber gut sortierten Frischetheke Pralinen und Marzipan von handwerklichen Erzeugern. An zwei, drei Tischen können die Pretiosen (mit Kaffee oder Trinkschokolade) probiert werden. Geneigte dürften an dem feinen Sortiment ihre Freude haben.

Chocolaterie Läderach, Schweizer Schokolade in bester Lage der Innenstadt, Kaiser-Joseph-Straße 201. Recht hochpreisiges Angebot.

Rettungsinsel mitten in der Stadt – Meyerhof, Grünwälderstraße

GROSSER MEYERHOF, Innenstadt. In seinem ersten Leben galt der Große Meyerhof lange als *der* Brauereigasthof in Freiburg – »altbekanntes Speisehaus, jeden Samstag Metzelsuppe« stand zuletzt, aber ziemlich blass auf der Fassade. Mit der Sanierung der Gesamtliegenschaft sind die Gasträume geschrumpft, aber in gute Hände geraten: im Meyerhof wurde ein robust-volksnahes Konzept beibehalten, integrativ, sättigend und voll befriedigend. Die Nudelsuppe in der Terrine zählt, wie auf Seite 259 erläutert, zu meinen kleinen „Freiburger Wundern." So eine Terrine ist mir an unwirtlichen Tagen mehr Heilmittel als Suppe. Wirtschaft, Gäste, Karte, der Meyerhof wirkt in allerlei Situationen. Mit Holzdecke, Dielenboden, blanken Tischen und einer flotten, aber zugewandten Bedienung. Eintopf, Maultaschen und preiswerte Tagessessen gehören zum gastronomischen Programm, außerdem gibt es auch ein Kunstprogramm. Bitte Kurs halten, in der Innenstadt braucht es ein paar sichere Plätze.

Großer Meyerhof, 79098 FR-Innenstadt, Grünwälderstr. 1, Tel. 0761-38 37 397, RT: So. ♣ ein paar Gehweg-Tische am Bächle, Programminfo: grosser-meyerhof.de, **Preise**: günstig, RT: So.

Naturtrüb im Kastanienschatten – Feierling Biergarten

FEIERLING Biergarten, Innenstadt-Gerberau: Gegenüber der Hausbrauerei *der* Innenstadt-Biergarten: Schatten, Lampenkette, gekiester Grund. An Sommerabenden herrscht unter den Kastanien jenes saumselige Volksgemurmel, das fasertief entspannt, Speisen nur im SB-Thekenstil. Aber nach einem gewissen Quantum ist eh alles Wurscht. Hossa!

Hausbrauerei Feierling (Martina Feierling-Rombach), Gerberau 46, Altstadt/Insel, Tel. 0761-243 480, mit ♣ Feierling Biergarten: Bei Gartenwetter geöffnet ab 11 Uhr; feierling.de, **Preise:** günstig.

Weitere Biergärten: beim Greiffenegg-Schlößle: **Kastaniengarten am Schloßberg**. Prächtige Lage mit weitem Blick auf die Stadt, einfache Bewirtung auf Brauereigarnituren mit SB-Schankbude.

Gasthaus zum Stahl: gut bei Hitze dank der sommerfrischen Lage an der oberen Kartäuserstraße, Kastanien & Schankbude, Gewusel zwischen eng gestellten Tischen, teils Service, teils SB. Kartäuserstraße 99, Tel. 0761-33 402; zum-stahl.de.

Kybfelsen in Güntersal am grünen Rand der Stadt, innen und außen stattlicher Gasthof an der Straße auf den Schauinsland (Straßenbahnhalt am Haus). Angenehm die Geräume innen rechts und der selten schöne ♣ Kastaniengarten, ein beliebter Treff nach Touren auf die Höhe. Schauinslandstr. 49, Tel. 0761-211 199 26; kybfelsen-freiburg.de, **Preise:** mittel; ab 17 Uhr, Wochenende ab 12 Uhr.

Keine leichte Übung – Ausgehen in Freiburg

Geübte Freiburger bleiben während der Stoßzeiten
am Wochenende zuhause, oder sie fahren ins Umland.

Gasse und Piste

Ausgehen in Freiburg will gelernt sein. Am Wochenende gibt sich das Umland die Ehre. Speziell im Bermudadreieck ums Martinstor kommt es dann zu heftigem Wildwechsel mit entsprechenden Folgen. Geübte Freiburger bleiben während solcher Stoßzeiten zuhause, oder sie fahren ins Umland – ohne vomieren oder Wasser abschlagen.

Beim Martinstor um's Eck und damit mitten auf der Freiburger Piste liegt das Freiburger Lokal mit dem wohl höchsten Bierausstoß auf kleinem Raum: der *Schlappen* ist eine Mischung aus Trinkstube und Kontakthof, somit auch geeignet zur ethnologischen Feldforschung.

In unmittelbarer Nähe bis hin zur Universitätsstraße dann ein Cluster von Garküchen, Würstelbuden, studentisch geprägten Bars und Cafés. Abgesehen vom derben Auftrieb an Wochenenden, sowie von Gelagen auf den öffentlichen Plätzen der oberen Altstadt, wird es in Freiburgs Gassen allerdings ziemlich früh ziemlich ruhig.

Ausgehen bis zur Einkehr der Nüchternheit kann somit zur einsamen Übung werden. Vielleicht bleibt es draußen auch deshalb so ruhig, weil es im Altbau unter Stuck so gemütlich ist, bei gewaltfrei gemörsertem Pesto.

Freiburger Nächte sind kurz

Ungelöst bleibt in Freiburg die Frage: Wo gehen bei hereinbrechender Nacht Erwachsene hin, die bei einer Bar nicht an Tumult, sondern an Diskretion, Eleganz und Schutz denken? Wo sind abgewetzte Clubsessel nach alter Regel, groß, schwer, dunkel? Und wo bitte erscheint kurz nach Mitternacht eine Sternschnuppe, in Form einer Dame, die elegant rauchen kann? Summe langjähriger Enttäuschungen: fortgeschrittene Bar-Kultur ist nicht, allenfalls Ausnahmen und Gäste, die sich Mühe geben.

Subversive Restfeuchte. Falls irgendwann mal wieder die Mülltonnen brennen: die letzten Hobbyanarchisten Freiburgs dürften am ehesten in Wurfweite der Wilhelmstraße Stellung beziehen. Um das Gretherareal, im Grün, an der Adlerstraße. Wobei auch hier die Gentrifizierung auf leisen Sohlen anschleicht. Das ehemalige Anarcho-Quartier ist verkehrsberuhigt und begrünt. Die einst ranzige Wilhelmstraße wurde domestiziert, im Grün stehen schlanke Säuleneichen, wie sie auch in Kurorten Südbadens gedeihen. Auf Klassenkampf folgt die Wohnstraße mit naher Kita.

Badisch-mediterran gewendet: Bodega der Geier

Den ehemaligen *Reichadler* an der Ecke Belfort / Adlerstraße ziert heute ein koloriertes Gasthausschild mit dem bürgerlichen Doppelnamen *Bodega-Der Geier*. Drinnen hat das Haus noch seinen herben Werkstattcharme; aber auch der wird kontrastiert von punktuell platzierten Orchideen. Dazu paßt die Pasta in der Penne-Chorizo-Klasse – über Mittag gibt es einfache, frisch gekochte Tagesteller. Schon länger duftet es auch hier nicht mehr nach schwarzem Krauser, sondern nach Sepia und Gambas à la Plancha (bodega-dergeier.de).

Graffiti oder Hundepisse? Von letzten Glutnestern im Grether-Kiez geht keine systemrelevante Gefahr mehr aus. Interessierte Volkskundler finden in der Adlerstraße allenfalls noch Spuren von Anarchie, etwa um ein idyllisches Büdchen namens *Kyosk*. Dort wird Anderssein wie im Kleingarten kultiviert. Wobei der Hausmeister bei meinem letzten Besuch Grund zur Klage hatte. Die Graffiti im Grün sei mittlerweile von so erbärmlicher Qualität, daß man sich als Altbewohner nur noch schämen könne. „Das ist ein Markieren auf dem Niveau von Hunden."

Chatten im Schatten: Jos Fritz Café in der Wilhelmstraße

Lupenreines Milieu. Seit Jahrzehnten wenig beeindruckt von Zeitströmungen zeigt sich allein das *Jos Fritz Café* im Hinterhof der gleichnamigen Buchhandlung. Die Institution sorgt seit Jahr und Tag dafür, daß man in Freiburg noch immer Damen kennenlernen kann, die mit einem Beutel Feinschnitt einhändig fertig werden. Der patinierte Hinterhof hat Charme ohne jede Dosage, auch drinnen tagsüber Clubatmosphäre brut. Im Sommer wird der Hof zu einer undogmatisch besiedelten Insel, bestens geeignet, um an einem heiteren Dienstagmittag die *Technik & Motor* Beilage der FAZ zu studieren. Ein konsequentes Siezen der Anwesenden wäre hier ebenso unkonventionell wie ein Duzen im Colombi-Tagescafé. Tagesessen, Musikabende und Minderheitenveranstaltungen, Nachtbar (Wochenende bis 2 Uhr), Lands-end-Stimmung zwischen Hafenkneipe und Soziotop.

Café Jos Fritz, Freiburg-Innenstadt, Wilhelmstraße 15 (im Hinterhof der gleichnamigen Buchhandlung), Tel. 0761-300 19, tägl. ab 10 Uhr bis in die Nacht, josfritzcafe.de.

Minderheitenstüble – Agora, Wilhelmstraße

Agora – Wilhelmstraße. Nach Berufsjahren als niedergelassener Mediziner hat Achim Frowein eine Passion realisiert und so stehen in der Agora Entdeckungen und Schwächen, vom Elbling bis Madeira, von Portwein bis Pfeifentabak – lauter schlimme Sachen, dank derer das Dasein bekömmlicher wird. Geneigte Gäste können probieren, es werden auch Schnittchen mit Schinken und Käse gereicht, zum Cafè Süßes aus der Hausbäckerei.

Mitunter stehen in der Agora Weinproben an, manchmal ergibt sich zur blauen Stunde ein spontanes Kolloquium zu Daseinsfragen, unterstützt von etwas Rohschinken und Chiantiwein. Hier finden keine Dogmatiker her, sondern Nischenbewohner, die um den therapeutischen Wert des Dämmerschoppens wissen. Eine Fortführung und Übergabe in jüngere Hände ist geplant.

Agora, Freiburg-Innenstadt, Wilhelmstr. 9, Tel. 0761-2169224; agora-freiburg.de

Viel Manufakturen, wenig Handwerker

Nicht nur Filialisten, auch Shoppingtouristen
machen eine Innenstadt rund und austauschbar.

Einzelstücke

„Freiburg hat, was alle suchen," verspricht ein alter Spruch zum neuen Einkaufstourismus. Freiburgs Besucher kommen längst aus allen Himmelsrichtungen, manchmal klingt es um den Münsterplatz wie im Flughafenterminal. Wer Besonderes sucht, muß es suchen. Es ist nicht nur die Macht der Filialisten, auch der übliche Shoppingtourismus macht Innenstädte rund und austauschbar.

Langsam müßte jeder begriffen haben, daß der Einkauf von Qualitätsprodukten mehr zur Vielfalt einer Stadt beiträgt, als manche Festrede. Und vielleicht hat auch in Freiburg der Gedanke eine Chance, daß automobile Besucher nicht nur Melkobjekt, sondern auch kaufkräftige Kunden sind. Kunden, die differenziert einkaufen, was man vom Easy-Jetset nicht immer sagen kann. Im übrigen kommt auch der Nachschub für Alnatura nicht mit dem Liegerad ins Regal.

Dieses Buch ist kein Einkaufsführer, ein paar Adressen für Gutes können nur eine Anregung sein. Was an Einkaufskultur verloren ging, wird einem erst klar, wenn man vor dem Besonderem steht. Was Lebensmittel angeht, sind die Freiburger Wochenmärkte als Einkaufsquelle unersetzlich. Der werktägliche Markt auf dem Münsterplatz hat eine zentrale Funktion, aber auch viele Stadtteilmärkte sind fest etabliert und bestens bestückt. Zudem verspricht ein Ausflug auf den Wiehremarkt

Domenico Vela, la Pasta Mia in der Fischerau

oder auf den kleinen, aber reizvollen Bauernmarkt in Herdern, nicht nur Lebensmittel, sondern auch reiche soziale Ausbeute. Mehr zum Thema Münstermarkt/Stadtteilmärkte ab Seite 193.

LA PASTA MIA: Ein kleiner Feinkostladen in der idyllischen Fischerau, aber nicht nur das. Im Marketing-Sprech ist la Pasta Mia ein Konzeptstore. Das Konzept von Domenico Vela heißt aber nicht Marketing, sondern Qualität, Beschränkung, Eigensinn, Durchhaltewillen. Die hausgemachten Ravioli mit Spinat-Ricotta-Füllung sind der Renner im Sortiment, wobei sich Velas Erklärung so einfach wie einleuchtend anhört: „Dazu paßt jede Sauce." Tagesfrische Pasta gibt es in der Fischerau auch mit Lachs oder mit Steinpilzfüllung, die wird selbst angesetzt, fermentiert und püriert. Das ist auch beim Pastagewerbe nicht mehr die Regel, ähnlich wie der Gelati-, bedient sich auch der Nudelmacher zunehmend Instant-Lösungen, bei denen das Pulver nur noch glatt gerührt werden muß.

Jahreszeitlich kommen bei la Pasta Mia jeden Donnerstag noch spezielle Saisonravioli dazu, etwa mit Radicchio di

Treviso, Rucola, samstags auch mal mit einer Gorgonzola-Nußfüllung. Pasta ist ja ein Kosmos für sich – regionale Spezialitäten, lokale Rivalitäten, Sugodiskussionen, verwirrende Terminologie. „Es ist ein einziges Theater", stöhnt Vela, der die Dinge mit der Pragmatik eines im Breisgau heimischen Kalabresen angeht: Zunächst wird der Nudelteig für all seine Modelle aus Hartweizengrieß mittlerer Körnung bereitet. Wegen der Allergiker spielt Frischeipasta im Sortiment kaum mehr eine Rolle; „pasta all'uovo" wird aber auf Vorbestellung produziert. Kleinauflagen sind bei Velas Maschinenpark kein Problem, ab einem Kilo Teig wird produziert und so wäre auch eine exklusiv gefertigte Hochzeits- oder Geburtstagsnudel kein Problem.

Bevor man sich jedoch im sprachlichen Dickicht zwischen Tagliatelle und Spaghetti al la Gitarra verliert, sei ein Besuch in der Fischerau empfohlen. Neben Pasta gibt es Schinken, Salume und Käse aus der Theke, etwas Feinkost, gute Marmeladen, Weine, vor allem aber Leidenschaft. Weil die Eltern Olivenhaine am Ionischen Meer und eine eigene Ölmühle haben, gibt es Olivenöl aus neuer Ernte, das schmeckt im Frühling so grün und würzig, als wäre es aus der Presse getropft. Velas Laden ist eine Nische, an deren Existenz im Übrigen auch ein Vermieter mitwirkt, der nicht von mediterraner Lebensart schwadroniert, sondern eine humane Pacht verlangt. Ein Einzelstück, so einfach und so schwer.

La Pasta Mia, (Domenico Vela), Fischerau 18, 79098 Freiburg, Tel. 0761-23571, Mo geschl.

Außerdem sei an den **Primo Market** in der Bernhardstraße erinnert: Salat und Gemüse kommen wöchentlich vom Mailänder Großmarkt, ab Dienstagabend in der Auslage. Mit angeschlossener Trattoria, übliche Ladenzeiten, die Trattoria auch abends, vgl. S. 40.

Objektkunst – Honiggalerie in der Fischerau

HONIGGALERIE in der Fischerau: Nur ein paar Schritte vom Nudelladen *la Pasta Mia* nochmal ein Unikat: Gleich beim Eintreten empfängt einen der Duft von Bienenwachskerzen und süßen Sachen, die mit Honig zu tun haben. Im Kernsortiment eine üppige Auswahl von mehreren Dutzend Honigsorten, natürlich Klassiker wie Schwarzwälder Weißtannenhonig, Lavendelhonig aus der Provence und Eukalyptushonig aus Sardinien, aber auch Ausgefallenes, etwa Sortenhonig von Kirsch-, Citrus- oder Distelblüten. Ein kleiner Laden und eine große Liebe zu Honig und allem, was daraus werden kann.

Honiggalerie (Susanne Heldt), Fischerau 8 und Münsterplatz Südseite, oben. 79098 Freiburg, Tel. 0761-202 44 47; honiggalerie.de

DEGUSTO – Passage im Bahnhof: Hauptbahnhof und ausgesuchte Feinkost in aufgeräumter Umgebung paßt vielleicht nicht auf den ersten Blick, in Freiburg aber durchaus. Seit Jahren bietet Uwe Wehrles Degusto im Nordflügel des Freiburger Bahnhofs eine üppige Käse- und Schinkentheke, Basis-und Komfort-Delikatessen vorwiegend aus Italien und Spanien, dazu auch französische Patisserie, Weine. Zur Degusto-Viel-

Feine Kost im Hauptbahnhof – Degusto

falt zählt auch die Brotauswahl, darunter auch italienische Spezialitäten wie das helle Brot aus Hartweizengrieß; eine hervorragende Beilage zu Salami und Schinken. Alles ansprechend präsentiert, an sieben Tagen. Somit wäre Degusto auch ein Notdienst, falls es am Sonntagabend mal eine spanische Schinkenplatte sein soll.

Auch im Bistro-Café gegenüber ein nützliches, modern anmutendes Qualitätskonzept für urbane Nomaden. Vom frühen Ciabatta, über Suppen und Tagesteller bis zum Angebot von etwa zehn Tapas. Darben in Lauflage muß nicht sein.

Degusto, Delikatessen, Catering, Bistro. 79098 Freiburg, Bismarckallee 9 (Hauptbahnhof-Nord), Tel. 0761-211 73 44; degusto-feinkost.de, 8 - 20 Uhr.

Asia Markt Fortune, noch im Bahnhofskomplex-Nord (außen) ein kompakter Markt mit Basisprodukten für die asiatische Küche, vom Sack Duftreis bis zu frischem Gemüse und Kräutern. An sieben Tagen, werktags ab 10, So ab 14 Uhr, Bismarckallee 17-7 F, Tel. 0761-156 249 98.

KÄSE-STÄHLE (Albert Stähle). Gut sortierter Käseladen ohne Gedöns, dafür mit eigenem Reifekeller; breite Auswahl (Schwerpunkt Frankreich), angenehm aufgeräumte Präsen-

Ralph Schmidt, Weinhandlung Drexler

tation, bei der die Ware im Mittelpunkt steht. Brotsortiment der Hofpfisterei München; auch einige ausgesuchte Weine. Zentral in der Innenstadt, Schusterstraße 2, Tel. 0761-36136.

KÄSE RÜCKER (Gertrud Schmidt), Altstadt, Münzgasse 1, günstig am Ausgang der Schloßberggarage gelegen. Breites Angebot, auch an Schaf- und Ziegenkäsen. Mit einem Zusatzsortiment der Qualitätswursterei *Dirr,* Endingen; sowie den guten Produkten der *Lachsmanufaktur* aus Freiburg-Hochdorf (dreisamtaeler-lachsmanufaktur.de).

Weinhandlung DREXLER: An Weinlädele ist in Freiburg kein Mangel, hier wäre eine seriöse Wein- und Spirituosenhandlung. Ralph Schmidt steht für ein gehobenes Sortiment, das die Leidenschaft des Inhabers spiegelt (wie die Weinkarte des Restaurants *Drexlers, vgl.* S. 18). So nah an regionalen Erzeugern wie in Freiburg, braucht man eine Weinhandlung weniger wegen der regionalen, sondern mehr wegen der überregionalen Auswahl. Gleich ob Tischwein oder Etiketten, bei Drexler findet man einen Querschnitt der Weinwelt sowie verwandter Produkte von Schaumwein bis Port.

Handwerker — Michael Sohr in der Talstraße

Weinhandlung Drexler (Inhaber: Ralph Schmidt), Merianstr. 4, 79104 Freiburg. Tel. 0761- 33923.

Lederwaren MICHAEL SOHR: Manufaktur nennen sich viele, für mich gehört *Michael Sohrs* Handwerkstatt in der Talstraße zu den schönsten kleinen Freiburger Ateliers. Im Sortiment Gürtel und Lederwaren aus eigener Fertigung, sowie eigene und fremde Taschen, Aktentaschen, Rucksäcke und Koffer. Auch Kleinteile wie Börsen und Brieftaschen sind zu haben. Alles vom Feinsten, handwerklich wie ästhetisch überzeugend, aber nicht so grotesk überteuert wie internationale Labels und Bling-Bling-Marken.

Daneben ist Michael Sohrs Laden ein Reich für die Sinne: Es fängt bei der Türklinke an, die Sie beim Eintreten anfassen, danach der Duft von klassisch gegerbtem Leder. Keine Regale, die einen anblöken, sondern Einzelstücke, die einen lange begleiten werden. Daß so ein Betrieb zum Solitär geworden ist, zeigt wie weit es der kritische Verbraucher gebracht hat.

Lederwaren Michael Sohr, Talstraße 9a, 79102 Freiburg, Tel. 0761- 71305; michael-sohr.de; Mo. geschl.

Stets lockt der Freizeitwert

Viele Ausflugsziele liegen in Fahrradweite,
für einen vergeigten Nachmittag gibt es genug Optionen .

Im Grünen, am Rand, mit Sicht

Freiburg ist üppig durchgrünt – vom Schwabentor führt ein Fußgängersteg über den Altstadtring direkt zum Kanonenplatz auf dem Schloßberg. Von der Altstadt zur Aussichtsbastion über der Stadt sind es kaum zehn Minuten zu Fuß. Viele Ausflugslokale liegen in Fahrradweite, für einen spontan vergeigten Nachmittag gibt es somit genug Optionen. Eine Auswahl:

Freiburger Riviera. Nicht originell, aber praktisch: An warmen Tagen lohnt der kurze Weg auf den Schloßberg. Vom Schwabentor zum Biergarten am *Greiffenegg-Schlößle* geht es nur einmal kurz und heftig aufwärts. Schon nach ein paar Schritten weiter Blick über die Altstadt, wenig später sonnige Wege am Südhang des Schloßberges. Wobei eine kommode Tour auf dem breiten, nur mäßig bergan ziehenden Burghaldeweg bis *St. Ottilien* verlängert werden kann (4 km ab Kanonenplatz). Die Waldgaststätte dort wäre ein beliebtes, manchmal allzu beliebtes Ziel am Fuß des 737 Meter hohen Roßkopf. (Biergarten, badisch-mediterrane Versorgung, im Winter eingeschränkte Öffnung; ottilien.com, Tel. 0761-63 230, Zufahrt auch über die obere Kartäuserstraße).

Freiburger Riviera – Burghaldeweg am Kanonenplatz

Als der Schloßberghang noch nicht bewaldet war, wurde die Promenade vom Kanonenplatz rüber zum Hirzberg auch als *Freiburger Riviera* gerühmt. Heute sieht man auf dem Panoramaweg keine Paare mit Sonnenschirm, sondern eher Läufer und Biker. Touren um den Roßkopf gelten als Freiburger Hausstrecke. Der Schloßbergturm ist derzeit wegen Sanierung geschlossen; er bietet ein Panorama auf die Stadt und die gesamte Breisgauer Bucht.

Was rund um den Kanonenplatz und am Schloßberg leider auffällt, ist eine Verwahrlosung mancher öffentlichen Wege und Anlagen, die im Gegensatz zum Reiz der Aussicht steht. Was könnte hier für ein Landschaftspark sein und was ist. Offenbar kann Green-City eines ihrer Filetstücke nur notdürftigst unterhalten. Viel Imagepolitik, wenig Substanzpflege.

GREIFFENEGG-SCHLÖSSLE, Innenstadt-Schloßberg. Im Lauf der Jahre wurde das historische Hauptgebäude immer wieder verändert, mittlerweile ist der ursprüngliche Bauzweck nur noch am Namen zu erkennen: Das Schlößle war einst ein biedermeierliches Repräsentationsgebäude für die Statthal-

![Goldene Stunde – Greiffenegg-Biergarten auf dem Schloßberg]

Goldene Stunde – Greiffenegg-Biergarten auf dem Schloßberg

ter Vorderösterreichs. Erst später wurde die Residenz zum bürgerlichen Restaurant, danach auch zur innenstadtnahen Sommerfrische quer durch alle Fakultäten. Das Nahziel unmittelbar oberhalb des Schwabentors bietet Aussicht, eine luftige Terrasse mit Panoramablick und einen einfachen Biergarten mit SB-Schankbude. Die Lage im Kastanienschatten ist reizvoll, das Angebot draußen üblich.

Gemischtes Publikum bevölkert Brauereigarnituren und praktiziert Minne und Lebensqualität. Vielleicht an einem lauen Sommerabend, wenn man wenig reden und mehr schauen will. Zu beachten wäre, daß es im Biergarten an warmen Sommerabenden, bei aufkommendem Höllentäler Fallwind, recht zugig werden kann.

Greifenegg-Schlößle, Schloßbergring 3, oberhalb Schwabentorplatz, Tel. 0761-32 728; greiffenegg.de; großer Biergarten mit Schankbude, bei trockenem Wetter auch Herbst/Winter. RT im Gasthaus: Mo.

 Ausgangspunkte in der Stadt. Auch so ein Freiburger Wunder – mitten in der Altstadt beginnen großartige Promenaden und Fernwanderwege. Zur Anregung einige Distanzen

Freiburger Legende – Waldgaststätte St. Valentin, FR-Günterstal

ab dem Wanderwegweiser am Schwabentorsteg, Ostseite (281 m): **Kanonenplatz** 0,4 km, Schloßbergturm 1,2 km, St. Otilien/Roßkopf 4,5 km, Wegweiser **Rebberg** (Aussichtsplatz oberhalb Herdern) 5 km, Glottertal 13 km, St. Peter 17 km, Hinterzarten 31 km. Entfernungen auf dem Querweg Freiburg-Bodensee ab Schwabentorsteg: Titisee 39 km, Wutachschlucht 78 km, Konstanz 177 km – ich geh' einfach mal los, auch keine schlechte Idee für eine unbeschwerte Woche.

SANKT VALENTIN – bei Günterstal: Die Waldgaststätte im Taleinschnitt oberhalb von Günterstal gehört zu den Freiburger Legenden. Paare und Wanderer treffen sich hier unter Lindenlaub und Lampenkette; ganze Seminare tagten einst Abende lang im Valentin, wechselnd zwischen Marxismus und Kontaktaufnahme. Die Attraktion der Einsiedelei gründet seit jeher auf der idyllischen Lage, mögen die legendären Pfannkuchen auch noch so groß gewesen sein, sie waren nur Verpflegung. Noch heute ist die Einkehr auf St. Valentin ein Emotionsbeschleuniger. Dazu verspricht die Karte u.v.a. „Leckere Salate" und „Valentiner Pfannkuchen". Die auch hier unvermeidlichen Flammkuchen werden in gleich fünf Varianten angeboten, natürlich auch mediterran.

Nach einer umfassenden Sanierung und Neuverpachtung vor Jahren konnte der Charme der alten Klause zum Teil konserviert werden. Es lockt eine heimelige Stube und ein zumindest wochentags lauschiger Garten mit Plätzen für 140 Gäste im Halbschatten der alten Hausbäume: eine stadtnahe Jausenstation. Die Speisekarte bleibt mehrheitsfähig wie Mozarts kleiner Nachtmusik, dazu kommen Extras wie Fondueabende im Winterhalbjahr, oder immer wieder dienstags „Gambas all you can eat." Kein Paradies, aber ein Platz zum Träumen, vom Paradies.

Sankt Valentin (FR-Günterstal), Valentinstraße 100, 79100 Freiburg, Zufahrt auf einer Waldfahrstraße, ab Ortsausgang Günterstal ausgeschildert. Tel. 0761-3884131, ♣ große Freiterrasse; restaurant-valentin.de. **Preise**: günstig-mittel, RT: Mo.

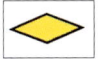 **Ausgangspunkte**: Waldparkplatz Günterstal beim Kloster St. Lioba; Wanderwegweiser **St. Valentin** (ca. 300 m unterhalb der Gaststätte, Anfahrt ab Schauinslandstraße, nach dem Ortsausgang von Günterstal, beschildert). Die Wege dort führen aber zunächst überwiegend durch bewaldetes Gelände, nur die Gaststätte St. Valentin liegt auf einer Lichtung.

Weitere Einkehrmöglichkeiten, die in den Umlandkapiteln ausführlicher beschrieben werden: **Buckhof** in Horben, **Rössle** und **Heinehof** in Bollschweil-St. Ulrich; **Krone** und **Gerstenhalmstüble** in St. Ulrich-Geiersnest, **Café Burgblick** in Wildtal bei Gundelfingen.

In hervorragender Lage am Südrand zwischen Stadt und Schönberg: das **Jesuitenschloß** bei Merzhausen (Renovierung und Ausbau der Gastronomie 2017 geplant).

Ebenso das **Milchcafé** in Sölden, sowie der **Schönberger Hof** auf dem Schönberg zwischen Wittnau und Ebringen, ohnehin ein Ausflugsziel mit Potential. Auf den Schönberg-Höhen und um die Berghauser Kapelle gäbe es auch genug Platz zum Ausbreiten einer Decke, mit grandioser Sicht auf Stadt, Land und Rheintal.

Nah am Himmel – der Schönberg bei Wittnau

Der Schönberg ist ein Revier
für die spontane Auszeit, von einer Stunde bis einem Tag.

Hexental und Schönberg

Freiburgs Süden ist reizvoll, rund um den Schönberg kann man vielerorts seine Brotzeit auspacken. Wer noch nie zur Berghauser Kapelle gewandert, gefahren, geradelt ist, kennt das höhere Freiburg nicht. Merzhausen, Au, Wittnau und Sölden, die sonnigen Hänge von Ebringen und Leutersberg zählen zu den begehrtesten Lagen im Freiburger Filetgürtel. Mieten und Immobilienpreise wirken hier wie ein Filter: Erbe oder Doppelverdiener darf schon sein, wer sich am Fuße des Schönbergs niederläßt. A-13 und A-15 macht A-28 und nach dem Ehegatten-Splitting bleibt dann immer noch ein Groschen fürs Cabrio.

Balkon der Freizeitgesellschaft. An Wochenenden werden die Höhen im Süden Freiburgs zum Auslauf der Städter, aber nicht nur dann. Das Spektrum der Zerstreuungen reicht vom Powerwalk über den verkullerten Sommernachmittag im Wiesengras bis zur Mountainbike-Rallye.

Südfreiburger Wunder, erster Akt: Auf dem traumschönen Nebensträßle von Wittnau hoch zur Berghauser Kapelle gondeln. Erst zur Englematt, dann vorbei am solitär gelegenen Rebhäusle mit Blick bis zur Staufener Burg. Weiter auf der

![Anspannen, entspannen – Familienfreizeit am Schönberg]

Anspannen, entspannen – Familienfreizeit am Schönberg

schmalen, buckligen Bergmattenstraße, vorbei an Streuobstwiesen und sanft geschwungenen Buckeln. Hoch und höher.
Wer den Schönberg kennt, braucht keine Yogamatte. Und wo
trifft man an einem Donnerstagnachmittag auf eine Kleinfa-
milie, die sich im Bogenschießen weiterbildet? Auf den weiten
Schönbergwiesen, im Kraftzentrum zwischen Wittnau und
Berghauser Kapelle.

Im San Daniele Gürtel. Das obere Hexental ist eine Belétage,
sozial gesehen mehr San Daniele- als Speckgürtel. Über die
selbstständigen Gemeinden Merzhausen, Au, Wittnau und
Sölden geht es zügig Richtung Freiland. Der Siedlungsdruck
hat da und dort zu ein paar Verwerfungen geführt, aber es
bleibt genug Platz für Auslauf. Somit ein ideales Revier für eine
spontane Auszeit, mit Wander- und Radtourenmöglichkeiten
von einer Stunde bis einem Tag.

 Günstige Ausgangspunkte: Berghauser Kapelle. Am
Sattel zwischen Ebringen und Wittnau gelegen, außergewöhnlich reizvolle Zufahrt über Rebhänge und Wiesen
von beiden Orten aus möglich. Wanderparkplatz und Wegweiser auf

Laufen lassen – am Schönberg braucht man keine Yogamatte

412 Meter. Ausgangspunkt für das Naturschutzgebiet **Berghauser Matten**, Tafel mit Infos und mehreren Themenwegen: Panoramaweg, Streuobstweg, Wald- und Wiesenweg. Entfernung nach: Schönberg-gipfel 2.0 km (645 m), Gaststätte Schönberger Hof 1,6 km; schöner Weg über den Kienberg (434 m) runter nach Ebringen 2,0 km (Einkehr: Rebstock, Ebr.-Bahnhof 3,0), Wittnau 3.0, Merzhausen 5,0 km.

Jesuitenschloß (oberhalb Merzhausen, Wanderparkplatz am Weg-weiser **Zwiegeracker**). Markante Aussichtslage am Rand vom Naher-holungsgebiet Schönberg. Das Schloß ist ein beliebter Ausgangspunkt für stadtnahe Streifzüge über das offene Wiesenland der Schönberg-Region. Gedüngte, löwenzahnreiche Mähwiesen, aber auch magere Blühwiesen und Halbtrockenrasen mit Orchideen, Streuobstbestände, Schlehenhecken. Einzelgänger mit zwei Hunden und Vagabunden ohne Begleitung.

Die Jesuitenschloß-Anlage gehört der Freiburger Allgemeinen Stif-tungsverwaltung; sie wird genutzt als Werkstatt- und Seminaranwesen, sowie zur außerschulischen Kinder- und Jugendbildung. Im Jesuiten-schloß hat außerdem das Weingut der Freiburger Heiliggeistspitalstif-tung Verkaufs- und Veranstaltungsräume, Details: wp-stiftungswein-gut-freiburg.de

Gastronomie: Der begnadet gelegene Gastronomieteil der Anlage wurde in der Vergangenheit mehrfach renoviert und erweitert, die Terrasse vergrößert. Dennoch wechselten Pächter so munter wie das

Lange Schatten – Herbst am Schönberger Hof

gastronomische Konzept, das lange Zeit den Chancen der Lage nicht gerecht wurde. 2017 soll nochmals optimiert werden. Schon wegen der hervorragenden Lage wäre es ein Segen, wenn sich Konstanz und Verläßlichkeit einstellen würde. Abwarten, beobachten, hoffen. Von der Freiterrasse breites Panorama vom Freiburger Westen bis zum Kaiserstuhl. 79249 Merzhausen (Zufahrt ab Merzhausen ausgeschildert); ♣ Großartige Aussichtsterrasse; jesuitenschloss.de, Tel. 0761-477 475 71

SCHÖNBERGER HOF – über Ebringen. Klassisches Ausflugsziel in der Holzbankklasse. Zum Landgasthaus in idyllischer Hanglage gehört – als Hauptattraktion – ein kerniger Biergarten unter Kastanien, dazu Sicht auf Freiburgs Skyline im Westen und reichlich naturreiner Auslauf: Schlender- und Wanderwege, Weiden, lichter Laubwald, sonniger Waldrand zum Innehalten, diverse Themen- und Rundwege führen um den Schönberg.

Die Gasthaus-Karte ist rustikal angelegt, es gibt Basiskost, was nach einer Tour im Grünen aber durchaus in Ordnung geht. Darunter üppige Vesper mit klassischer Zwiebelringgarnitur (Vesperteller mit eigenem Schwartenmagen), auch eigener Apfelkuchen. Warme Gerichte von Bratwurst

Nebensaison auf dem Schönberger Hof

über Schnitzel bis Sauerbraten; beliebt ist die naturtrübe Nudelsuppe, die hier noch als Portion in der Terrine serviert wird. Reizvoll im Winter oder nach einer Distanzwanderung: die alte Stube mit Dielenboden, flaschengrünem Kachelofen und niederer Holzdecke. Das Relikt harmoniert perfekt mit den Speisen und dem einfachen Betriebssystem.

In der Regel trifft man auf durchmischtes Publikum vom Schwarzwaldverein am langen Tisch bis zu Flüchtlingen, die hier vor universitärem Druck Schutz suchen. Zupackend familiärer Service, der unter voller Last auch mal an die Grenze kommt. Was dafür sorgt, daß das Lokal nicht von Schickmicks heimgesucht wird. Der Wirtsgarten wird während der Kernfreizeit gern besucht, an Wochenenden auch mal überlaufen. Ansonsten ein robuster Platz in reizender Umgebung.

Schönberger Hof, 79285 Ebringen. Anfahrt entweder über Ebringen-Tirol oder aus dem Hexental über Au/Wittnau. Das letzte Stück ab Wanderparkplatz Berghauser Kapelle auf einer Waldfahrstraße. Tel. 07664-72 22; gasthaus-schoenberghof.de, bei Hochbetrieb am Wochenende mitunter Wartezeiten ♣ Schattiger Biergarten mit Aussicht. **Preise**: günstig; RT: Mo (außer Feiertage).

Wittnau am Grübleweg – Auslauf ohne Ende

Wald- und Wiesenglück. Um einen stillen Nachmittag zu vertrödeln, sind die Blumenwiesen um Wittnau, auch jene direkt an der Auffahrt zum Schönberger Hof genau das Richtige. Der Schönberg ist ein Balkon, auf den man sich auch mal einen ganzen Tag verziehen kann, vielleicht noch ergänzt um einen Marktbesuch in Wittnau am Donnerstagnachmittag (alternative Markttage Au, am Bürgerhaus, Freitag 15 bis 18 Uhr; Sölden am Lindenplatz, Di 15 bis 18 Uhr), dazu paßt die kleine Einkehr nebenan im *Milchcafé Sölden*.

Wittnauer Wunder. Man gehe in Wittnau einfach vom Marktplatz oder nebenan vom Wanderwegweiser *Orchenhof* durchs Oberdorf. Erst die Schönbergstraße hoch, die bald zu einem Landwirtschaftsweg wird. Dann weiter über Land, das immer freier wird bis hoch zum windschiefen Wegkreuz am Grübleweg/Lanhardweg/Lattackerliweg. Spätestens hier stellt sich bei lichtem Wetter Breisgauer Meerblick ein und man kann es in alle Himmelsrichtungen laufen lassen.

Die Schönbergregion bietet Wander- und Rastmöglichkeiten inmitten interessanter Flora, die Berghauser Matten sind

Italien im Hexental – Engel, Biezighofen

ein Naturschutzgebiet mit Streuobstbestand, blütenreichen Magerrasen und Orchideenstandorten, zahlreiche Rundwege erschließen auch abseitige Winkel.

Guter Ausgangspunkt: Wittnau-Orchenhof, Wanderwegweiser auf 408 m neben dem Kirchenvorplatz/Marktplatz. Kleiner, aber auch sozial anregender Wochenmarkt, der das Hexentäler-Wohlgefühl spiegelt: Do-nachmittag 16 bis 19 Uhr; mit Imbiss-Stand, Wein- und Sektausschank. Entfernungen ab Marktplatz/Kirche Wittnau: Merzhausen 4 km; Jesuitenschloß 2,5 km, Schönberg 2,4 km; Schönberger Hof 3,5 km. Schöner Weg von Wittnau nach Merzhausen über die Wanderwegweiser: Dürrstein, Am Kopfacker, Zwiegeracker, **Jesuitenschloß** (bis Merzhausen gut 3 km; mit Schönberggipfel 5 km).

ENGEL – Biezighofen. Um Wittnau ist viel Grün und viel Himmel, ein schön gelegener Hexentalrundweg führt oben rum und mitten durch und im Ortsteil Biezighofen gibt es einen Engel als Extra. „Ristorante & Pizzeria" heißt der Untertitel zum Dorfgasthaus, dessen Inhaberfamilie *Iaia* hier schon seit 1981 wirtet, nun in zweiter Generation. Ein etablierter Italiener, der bei den oberen Tausend im Tal einen Namen hat – *man* geht in den Engel. Der Hauptraum ist eher badisch

Im grünen Bereich – Schönbergblick von der Saalenbergkapelle

als mediterran gemütlich, das kleine Nebenzimmer erscheint mir etwas bemüht ausstaffiert. Als abendlicher Treffpunkt hat der Engel durchaus Qualitäten, auf der breiten Karte in mittlerer Preislage findet jeder etwas, inklusive „Vegi-Tipp" und weiteren Konzessionen an den Zeitgeschmack. Für mich steht die soziale vor der kulinarischen Attraktion. Die Stimmung ist vertraut, der Service stets bemüht, Stammgäste wissen, was hier läuft und was nicht. Puro mare wird in Wittnau keiner erwarten, reine Lehre auch nicht, es gibt eher Italienisch für Deutsche, serviert mit einer kräftigen Prise mediterranem Schmäh'. Das Konzept wird goutiert, Puristen gewinnen durch kluges Bestellverhalten.

Engel (Fam. Iaia), 79299 Wittnau-Biezighofen, Weinbergstraße 2, Tel. 0761-40 28 05; ristorante-engel.de. ♣ Schöne Sommerterrasse unter Maulbeerbäumen, **Preise**: mittel. RT: Mo und Di.

Die privilegierte Lage der höher gelegenen Hexentäler Gemeinden kontrastiert etwas mit der gastronomischen Situation im Bereich um Wittnau und Sölden, irgendwie erwartet man immer noch *den* Platzhirsch. Immerhin gibt es in

Kachelofenbrot und Landeier – Löwen, Bollschweil

Bollschweil mit *Bolando* ein genossenschaftlich organisiertes Dorfgasthaus, das rege angenommen wird. Als einfache, grundanständige Einkehr böte sich noch der *Löwen* in Sölden an. Das Gasthaus bietet Grundversorgung bei gedrosselter Drehzahl, nach einer Schönbergtour, bei Verlangen nach Schnitzel- oder Wurstsalat ist der Platz aber sehr in Ordnung.

LÖWEN – Sölden: Eigentlich ein Bild von einem Landgasthof, klassische Fassade wenig abseits der Straße, davor ein paar locker gestellte Biergartenmöbel und daneben die mächtige Scheune, vor der das hauseigene Federvieh seinen Auslauf hat. Drinnen sorgt ein Drumm von Kachelofen für nostalgische Dorfschenkenstimmung. Der Löwen ist mehr Wirtshaus als Gasthaus, das Betriebssystem von Udo Heine wirkt etwas untertourig, was kein Fehler sein muß. Der Bruder hilft in der Küche, die Mutter und Seniorchefin spielt mittlerweile in der exklusiven Ü-80-Wirtinnen-Liga. Vor allem ist Udo Heine nicht nur Wirt, sondern einer, der seine Liegenschaft und seine Arbeit liebt. Also braucht Heine keinen Safariurlaub, er hat ja Hühner, Bienen, ein paar Schweine und einige Gäste.

Eine Runde Schönberg – bei der Berghauser Kapelle

Letztere werden durchaus ordentlich versorgt: es gibt kleines Programm mit Vesper und Kachelofenbrot, dazu ein paar warme Gerichte und Salat. Immer wieder sonntags kommt ein handgekochtes Mittagessen mit selbstgemachten Nudeln, im Herbst auch mal Schlachtplatte und Extras, die fast verschämt per Aufsteller am Hof annonciert werden.

Udo Heine wirtet meist allein, er macht, was er kann und das genügt, um nach einer Landpartie einzukehren. Einzelne Weine von *Clemens Lang* aus Munzingen. Im Fall einer Schönberg Tour oder bei Luxusmüdigkeit ist der Löwen immer eine Option.

Löwen (Udo Heine), 79294 Sölden, Staufener Straße 10, Tel. 0761-40 41 62; ♣Freiterrasse klassisch im Biergartenstil möbliert, abendkühl und luftig im Hochsommer. Ab 17 Uhr, So auch zum Mittagessen, RT Di.

Panoramaweg und Milchcafé. Wie erwähnt, die Nebenstrecke von Wittnau über die *Berghauser Kapelle* rüber nach dem oberen Ebringer Ortsteil *Tirol* bietet optimale Landschaftsausbeute auf kurzer Strecke, gleich ob mit Auto, Rad oder zu Fuß. Erst Reben, dann Wiesen, harmonische Schwünge,

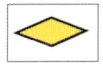

Eine Runde Hexental – auf dem Rundweg oberhalb Sölden

Streuobst, krumme Pfade von Wildrosen gesäumt, genug Wege zur Schönbergumrundung; nur am Waldrand liegen ginge aber auch.

Günstige Ausgangspunkte: Wanderwegweiser **Sölden Ortsmitte;** oder westlich abwärts, über die Neubauten an der Herrgasse zu erreichen: **Gaisbühl** (342 m), von dort schöner (Rad)weg nach Bollschweil 2,4 km, zum Wanderparkplatz **Berghauser Kapelle** ebenfalls 2,4 km, Ebringen 4 km.

Ein weiterer markanter Ausgangspunkt liegt östlich oberhalb von Sölden bei der weithin sichtbaren **Saalenberg Kapelle** (vgl. Bild S 78). Von der Kapelle aus ergeben sich schöne Möglichkeiten auf sonnigen Waldrandwegen, mit Blick nach Westen und zum Schönberg, z.B. der Hexentalrundweg. Lohnend ist die sonnige Passage über die Wanderwegweiser **Dierlerain, Am Bürgle** (Parkpl. oberhalb Biezighofen), **Bi de Sandgrub, Stöckenhöfen** (384 m, Parkpl. oberhalb der Kliniken).

Milch Café, Sölden: Hausgemachte Kuchen in luftig-hellem Ambiente, ein angenehmer Treffpunkt gleich oberhalb der Landstraße 122 im renovierten alten Michhäusle. ♣ mit einigen Plätzen auf der Terrasse; ansprechend die originelle und vielseitige Kuchenauswahl, auch eigene Marmeladen im Glas. Bürglestraße 14, Tel. 0761-130 73 60. Ab 9 Uhr, Sa und So ab 8 Uhr, RT: Mo. Markttag in Sölden ist Di, ab 15 Uhr.

Rebumkränzt – Ebringen

Kirche im Dorf, Häuser im Weinberg. Von oben gesehen liegt Ebringen wie ein Schatz im Rebland. Rebumkränzt, hätte man früher geschrieben. Die Kirche im Dorf, nur die Häuser mit den roten, grellroten Dachpfannen wachsen heute immer weiter in die Rebberge hinein. Auch Ebringen ist ein Beispiel für den Freiburger Siedlungsdruck im Speziellen und die Unschärfe zwischen Stadtrand und Dorfrand im Allgemeinen.

Torkameras und Tiefgaragen sind mittlerweile so üblich auf dem Land, daß sie nicht mehr auffallen. Andererseits, schon ein paar Rebstücke überm Oberdorf wächst einem die Natur fast in die Taschen hinein. Das gilt erst recht im Naturschutzgebiet Jennetal und im *Sumsergarten* am Hasenweidweg, wo jedes Frühjahr die Orchideen blühen, als sei nichts geschehen.

REBSTOCK – Ebringen: Mit dem Rebstock wurde ein Dorfgasthaus wiederbelebt. Hans Riehle kam vom Grünen Baum in Merzhausen nach Ebringen, also von einem besseren Rand der Stadt an einen schöneren Flecken des Umlandes. Mittlerweile steht schon die nächste Generation in der Küche und bietet den typischen Riehle-Freestyle. Immer heiter und un-

![Wiederbelebtes Dorfgasthaus – Rebstock, Ebringen]

Wiederbelebtes Dorfgasthaus – Rebstock, Ebringen

dogmatisch, manchmal auch gewagt, meistens voll befriedigend. Der Rebstock ist kein Haus kulinarischer Wunder, manche Sauce finde ich zu süß, manche Exotik entbehrlich. Aber sei's drum, zwischen Leberle, Schnitzel und Fischfilet geht fast alles, was nicht geht, ist verknotete Schleifchenküche. Außerdem gilt: vegetarisch, kleine Portionen, Extrawürste, einfach was mit Fisch – alles möglich im Rebstock, wo keine Probleme serviert werden, sondern Lösungen. Ein Hinweis auf der Karte spricht für sich: „Ihnen fehlt etwas auf unserer Karte? - Fragen kostet nix!" Zum Kern des Rebstocks gehört aber nicht nur die unkomplizierte Küche, sondern auch die gesellige Stimmung im Haus, im Service und überhaupt. Der Rebstock ist nützlich und gut, er beweist, daß aufrichtige Gastronomie Zukunft hat.

Rebstock (Fam. Riehle), 79285 Ebringen, Schönbergstraße 75. Tel. 07664-61932 39, RT: Mi. ♣ Gartenterrasse. **Preise**: günstig-mittel. Sa, So und Feiertage ab 12 Uhr, sonst ab 17 Uhr, RT: Mi.

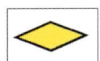 **Ausgangspunkte**: Ab Rebstock/**Schloßplatz** über Schloßweg und Jennetalgasse hoch zum Hasenweidweg im 23-Hektar Magerwiesen-Naturschutzgebiet **Jennetal**, dort auch der Sumsergarten mit Orchideen auf 71 Ar, Hauptblüte Frühjahr.

Wo ein Gasthof war, sind jetzt Carports

Der Engel in Horben-Langackern (gefallen 2004). Heute befindet sich auf dem Engel-Areal eine Neubausiedlung.

Nostalgie und Neuzeit in Horben

Horben hat seine Unschuld ein paar mal verloren. In Lang-ackern, wo bis 2004 der Engel stand, erinnert nur noch ein stummelkurzer Engelweg an das prächtige Höhenhotel mit dem großzügigen Sommergarten unter den Linden. Zwei Straßenkurven weiter oben auf dem Heubuck stehen bis heute vier grandiose Sitzbänke am Wachtweg. Mit freiem Blick auf's Oberrheinland und das nächste Neubauviertel. Ein halber Heubuck gleich zwei Dutzend Baufenster, so wird heute ge-rechnet. Wer seiner alten Liebe Horben nachstellen will, kann über die Ortsmitte weiter hoch bis zum Buckhof fahren – und stets ein Wechsel von himmlischer Landschaft und irdischer Erschließung.

Königinpastetchen im Engel. Dabei hat alles so schön an-gefangen. Die sonnigen Höhen um Horben waren über Jahr-zehnte Freiburgs nächstliegende Sommerfrische. Die alte Tan-te Luisenhöhe, vertrödelte Nachmittage im luftigen Garten des Engels, wo der Wind an den Tischdecken spielte. Winter-abende am Kachelofen im knorzigen Raben. Am Nebentisch Rezzo Schlauch, der bei Bedarf die Welt erklären konnte. In

Althäusle und Neuhäusle – in Horben-Langackern

den Wirtsgärten, auch auf den Sonnenbänken am Heubuck saßen sicher nicht die Dümmsten. Wenn das Rheintal im Nebel liegt, fühlt man sich hier oben auf halbem Weg zwischen Freiburg und dem Himmel – Horben, oder die Gnade der Lage.

Neue Häuser, neue Pläne. Wer aus dem Hexental bei Au über das untere Katzental kurvenreich nach Langackern hoch kurbelt, wird gleich rechts am Weiherackerweg mit einem bemerkenswerten Baukörper konfrontiert. Ein hermetischer, dreigeschossiger Quader, der zeigt, was man heute alles bauen kann. Die Fensterschlitze stehen hochkant in der Fassade, wie Aktenordner.

Wertfrei könnte man sagen: auch in Horben haben sich die formalen Koordinaten unübersehbar verschoben. Ein paar Straßenmeter weiter, an der Luisenhöhestraße dann das *Althäusle*. Vom Wetter gebeizt, mit Walm, Hauslinde und einem Brunnen vor dem Lattenzaun. Das Althäusle steht wie ein Denkmal zwischen Neubauten und Doppelgaragen.

My home is my castle – an der Luisenhöhenstraße, Langackern

Schon im Jahr 2004 fiel der altersmürbe Engel einem Baugebiet anheim. Das Engel-Areal wurde nach allen Regeln der Zunft filetiert, parzelliert und ausgenutzt. Heute erinnert nur noch ein nostalgisches Wandbild an einer Hauswand an den Engel mit seinem parkweiten Umschwung. Zu Königinpastetchen und Forelle Müllerin mit Dampfkartoffeln wurde Hotelsilber aufgelegt. Nichts hält ewig. Nun grüßen Solardächer hinter blickdichten Hecken. Torkameras, Betonstellwände und pflegeleichte Schotterhalden gehören auch zum neuen Horben. Die Einfriedung mancher Liegenschaft erinnert eher an einen Hochsicherheitstrakt als an einen Schwatz über den Gartenzaun. Architektur verbindet, Architektur trennt, je nachdem.

Weiter oben am Waldrand dämmert das *Höhenhotel Luisenhöhe* vor sich hin wie eine gefallene Schönheit – lange wollte niemand das alte Dickschiff sanieren. Nun soll 2018 mit dem Bau der neuen Luisenhöhe begonnen werden. Der Entwurf des eleganten, dreieinhalbstöckigen Halbrunds stammt vom Freiburger Büro *Geis & Brandtner*, das auch Fritz Kellers Wein-

Am Horbener Heubuck – Schauinsland und Neubauland

gut in Oberbergen realisiert hat. Geplante Fertigstellung der neuen Luisenhöhe im Jahr 2019. Ob die schwungvollen Pläne zum großen Wurf werden, entscheidet der Alltag.

Schau ins Land. Vom Ortsteil Langackern führt die Landstraße über den Heubuck in die Dorfmitte. Oben am Wachtweg stehen vier Sonnenbänke wunderbar frei im Gelände. Drei Bänke schauen auf Schönberg, Kaiserstuhl und Rheintal. Eine schaut andersrum, gen Schauinsland und Neubauland. Häuser und Doppelhäuschen, eng beisammen. Haustüren, die dicht schließen. Ob sich Glück im Heim dämmen läßt?

Als der Bebauungsplan Heubuck im Gemeinderat erörtert wurde, kritisierten Anlieger, daß die Planung eher an eine „Berg- oder Waldarbeitersiedlung" als an ein attraktives Wohngebiet erinnere. Weit gefehlt, muß man sagen. Von der Funktionalität manch einer historischen Arbeitersiedlung, etwa von den Krupp-Häusern in Essen-Altenhof, sind die Neubauten am Heubuck weit entfernt. Natürlich geht es auch in Horben um einen Konflikt: bezahlbares Bauland für Ortsansässige versus großkopferte Lösung. Andererseits steht nir-

Go west – Birkwaldweg am Parkplatz Gerstenhalm

gends geschrieben, daß Neubauviertel so aussehen müssen, als wären alle mit dem gleichen Programm gezeichnet.

Weites Ende Buckhof. Am Ende der für Kraftfahrzeuge erlaubten Strecke wirkt Horben wie früher. Man steht vor Weiden und sonnigen Wegen. Stiller als auf dem überlaufenen Schauinsland lockt die mittlere Höhenlage. Eine Landschaft für Freigänger, kühle Wälder und sonnige Weiden.

Von den Höhenwegen oberhalb Horbens gibt es immer wieder panoramische Sicht. Im Süden Belchen, Blauen, Vogesen, Dreiländereck, alles versammelt. Im Sommer geht man hier oben schon über der Schwüle der Breisgauer Bucht, im Winter reicht die Höhe oft, um über die Nebelgrenze zu kommen. Weiter oben rund um Eduardshöhe und Parkplatz Gerstenhalm wären auch geschützte Winkel für heitere Tage im Herbst, wenn die Stadt friert, während oben ein paar Träumer Lektüre oder Begleitung genießen.

Gute Ausgangspunkte: Tourenmöglichkeiten bereits ab Horben Ortsmitte; schöne Wege in Richtung Geiersnest, Eduardshöhe oder Schauinsland erschließt auch der große

Blick vom Schauinsland auf Horben, Freiburg und Kaiserstuhl

Parkplatz am Gasthaus **Buckhof.** Noch 120 Höhenmeter darüber liegt der günstig gelegene, stark besuchte Wanderparkplatz **Gerstenhalm** (847 m Höhe). Zugang und Zufahrt ab Buckhof ca. 1 km. Es geht bereits kurz vor dem Buckhof rechts ab auf den Eckhofweg. Ab Parkplatz Gerstenhalm erschließt der **St. Ulrich Rundweg** lohnende Partien und Aussichtspunkte in der Region St. Ulrich/Geiersnest (8 km, 240 Höhenmeter). Sehr lohnend, auch kürzere Strecken sind möglich. Leider ist der Parkplatz Gerstenhalm an Wochenenden oft voller Autos und es herrscht ein Betrieb, der einem die Freude nehmen kann. Unter der Woche geht es entspannter zu. Ein paar Genießer, Wandersleute und Pensionäre im Drittelmix.

Weitere Tourenmöglichkeiten von St. Ulrich ausgehend, vgl. ab S. 125, Wegtafeln beim Gasthaus Rößle; sowie oberhalb von St. Ulrich, beim Abzweig zum Paulihof. Oder man fährt nach oben durch bis zum Wanderparkplatz Gerstenhalm, wie oben beschrieben. Im Winter auch ideal zum Gehen in frisch gefallenem Schnee. Die KFZ-Durchfahrt aus Richtung St. Ulrich kommend nach Horben ist nicht erlaubt.

Horbens Gastronomie: Wertfrei betrachtet ist die kulinarische Situation sehr durchwachsen – vom Vesperbrett bis Sternemenü ist vieles möglich, was auch bedeutet: Richtige Auswahl und angemessene Erwartung bewahren vor Enttäuschungen.

Schneller Gast – Kraftfahrzeug am Raben

RABEN, Horben. Im Raum Freiburg ist der Raben ein Unikat: eine denkmalgeschützte Liegenschaft auf 4.000 Quadratmetern, feine, historische Gasträume, große Innenhofterrasse, Biergarten, 170-Quadratmeter-Scheuer, behagliche Gästezimmer. Kein historisches Gasthaus im Breisgau wurde aufwändiger und materialverliebter restauriert: von der Türfalle, über die Kunscht am Kachelofen, vom Tannenriemenboden bis zur Typographie auf den Toiletten, der Rabe trägt seine Geschichte wie einen Maßanzug. Den warmen Schmelz eines kernechten Landgasthofs kann (und will) das einfach besternte Gasthaus freilich nicht bieten.

Klar, daß so ein Ensemble nicht nur Tagesgäste anzieht. Das Haus bietet Optionen von der Familienfeier im Nebenraum über das Firmenbuffet in der Scheuer bis zum „Badischen Traditionsmenü" am Sonntagmittag, dessen Komponenten im postmodernen Stakkato angeboten werden. So erfreut der Raben mit Ambition und Manier, freilich nicht mit dem Wertekanon eines authentischen Schwarzwälder Gasthofes. Ceviche vom Hamachi, Wachtelknusper und Eismeerforelle verspre-

Wege von einst – der Engel ist nicht mehr

chen Weltküche, Horbener Ziegenfrischkäse mit Amaranth und Quinoa oder gebackenes Landei mit Grünspargel und Yuzuhollandaise (zu 22 Euro) steht eher für Nova Regio et al. Die imposante Weinkarte erstreckt sich über 25 Seiten, inklusive Cabernet Sauvignon aus Rutherford, Kalifornien, 124 Euro. Wie stets in solchen Häusern fördert eine kluge Auswahl den Genuß und schont den Beutel.

Gasthaus zum Raben (Fam. Disch), 79829 Horben, Sonntagmittag „Traditionsmenü" ♣ große Terrasse im Innenhof, Biergarten. Komfortable Gästezimmer, Räume und historische Scheune für Feiern. Tel. 0761-55 65 20; raben-horben.de. **Preise**: gehoben-hoch, RT: Mo, Di.

Dorfcafé in Horben: Wanderer- und Kuchentreff in der Ortsmitte, direkt gegenüber vom Raben. Geboten wird ein ausflugsaffines Programm mit den Schwerpunkten nahrhaft Warmes, Vesper, hausgebackene Kuchen; ♣ Geschützte Terrasse vor der Hauswand. Tel. 0761-29 02 20. RT: Fr.

Horben-Münzenried: Die Fahrstraße führt gut einen Kilometer über Horbens Ortsmitte hinaus in Richtung Münzenried und der luftigen Höhenwege an der Eduardshöhe bzw. am Wanderparkplatz Gerstenhalm.

Zunächst aber der **Buckhof**: ein Landwirtschafts-Gasthof auf 720 Metern Höhe, umgeben von sonnigem Weideland: die Karte der

Eis mit Panorama – auf dem Eckhof

herb-einfachen Wandereinkehr ist zwar nicht in Stein gemeißelt, der gebackene Camembert mit Preiselbeeren aber an erster Position gesetzt, seit Jahr und Tag. Ansonsten einfach-warme Gerichte und Vesper in der Schnitzel- und Wurstsalatklasse, sowie einige Angebote aus eigener Herstellung, etwa das Rindfleisch mit Meerrettich, gekochtes Ripple vom Schwein oder ein Vesperbrett mit Hausmacher-Schinken und Wurst. Dazu kommt selbstgebackenes Holzofenbrot solange der Vorrat reicht. Zu den Vorzügen des rustikalen Platzes gehört das luftige Gärtle, mit dem englisch kurz geschnittenen Rasen. Sehr preiswerte Gästezimmer mit Etagendusche, Vesper durchgehend bis 19.30 Uhr.

Buckhof, Münzenriedweg 5, 79289 Horben, Tel. 0761-29575, RT: Mo und Di.

Kräuterhofladen: Ab Buckhof auf der Anliegerstraße 300 Meter in Richtung Reeshof ein Hofladen der Schwarzwälder Kräutermanufaktur, Münzenriedweg 11; schwarzwaelder-kraeuter-manufaktur.de.

Eckhof: Zwanzig Sorten gutes Bauernhofeis von der eigenen Milch und Sahne, auch gute Fruchtsorbets, Hofladen, zwei Ferienwohnungen in einem neuen Nebengebäude. Das Hofanwesen liegt in freier Alleinlage auf 830 Metern wenige Meter unterhalb vom Wanderparkplatz Gerstenhalm, bzw. an der Waldfahrstraße, die kurz vor Horben-Buckhof, rechts abzweigt. Eissaison von April bis Anf. Oktober; eckhof-schwarzwald.de (mit Wetter Webcam).

Auf den Schauinsland fahren alle, zu Fuß gehen wenige

*Wer Freiburgs Vorzüge mit allen Sinnen spüren möchte,
sollte einfach mal stadtauswärts gehen.*

Schauinsland zu Fuß

„Das Denken nimmt durch die Bewegung
des Gehens besseren Fortgang.“ Søren Kierkegaard.

Gründlich durchlüften. Am Stadtrand anfangen, immer weiter ins große Grüne gehen und schließlich ganz oben auf dem Schauinsland ankommen. Ein Durchmarsch von der Wiehre bis zum Schauinsland-Turm dauert kaum einen halben Tag, er löst manche Blockade und bleibt Monate in Erinnerung. Ehrenwort.

Los geht's an der Wonnhaldestraße, wo letzte Stadtvillen und Kleingärten einen ersten Übergang markieren. So starke Szenenwechsel wie hier sind selten an einem Stadtrand. Am Waldparkplatz Wonnhalde steht man unvermittelt vor einem offenen Wiesenareal. Straßenbahn und Schauinslandstraße kreuzen, eine Lindenallee zeigt, wo es weiter geht. Die viel besungene Green City, aus einer Floskel wird plötzlich Realität. Sogar die Straßenbahn scheint hier draußen, am besseren Ende der Stadt, ein wenig zu schweben.

Glaubensverdunstung. Von der Wonnhalde führt der Günterstäler Weg als lichte Waldpromenade bis zum Kloster St. Lioba. Schon auf den ersten Blick erstaunt die toskanisch inspirierte

Kräutergarten und Besinnung – Kloster St. Lioba, FR-Günterstal

Architektur des Klosters. Das Vordergebäude der Gesamtanlage ist einer florentinischen Renaissancevilla nachempfunden, davor liegt ein großer, frei zugänglicher Kräutergarten.

Die Gemeinschaft der Benediktinerinnen von der Heiligen Lioba wurde 1920 von einer Freiburger Krankenschwester gegründet, heute leben und arbeiten noch knapp 100 Schwestern im Kloster Lioba nach der Grundregel des heiligen Benedikt, ora et labora. In einem Artikel zum 75. Jahrestag des Ordens erklärte die Priorin die Nachfolgeprobleme der Gemeinschaft mit „Bindungsangst und gravierender Glaubensverdunstung." Das war einprägsam gesprochen, auch jenseits des Spirituellen verdunstet manches.

Zum Kloster gehörten ein Klosterladen und der 700 Quadratmeter große Klostergarten. Er wurde 2005 angelegt, mittlerweile gedeihen dort über 300 Pflanzen, die Pflanzungen sind als Hochbeete angelegt, was den unmittelbaren Augenschein mit den Pflanzen erleichtert.

Kräutergarten & Klosterladen Kloster St. Lioba, Tel. 0761 – 29 29 43 2; kloster-st-lioba.de.

Auslauf in Günterstal, im Hintergrund das Kloster St. Lioba

Atomkraft und Zeitzeichen. Vom Kloster Lioba aus führt die Riedbergstraße sanft ansteigend in die Günterstäler Halbhöhenlage und damit in eine andere Gemeinschaft. Vor 200 Jahren hieß es dazu:

„In Günterstal/in Günterstal/do isch des Elend überall /do wohnt dr Schreiner Knepper / am Obend frisst er Hobelspän/un morgens schisst er Bretter."

Heute wohnt hier saturiertes Bürgertum. Akademiker und höhere Staatsdiener schätzen schon seit geraumer Zeit die sonnigen Waldsäume über dem Günterstal, wobei die Gediegenheit des Viertels durch promenierende Lioba Schwestern betont wird. Der deutsche Jurist und ehemalige CDU-Ministerpräsident Hans Filbinger war einer der prominenten Residenten Günterstals, Filbinger starb dort 2007. Seine Mutter stammte aus Sasbach am Kaiserstuhl, wo er häufig die Ferien verbrachte und 1968 zum Ehrenbürger ernannt wurde. Wyhl, der Symbolort für Filbingers atompolitisches Irren, liegt nur eine Gemeinde weiter. Zum 1975 genehmigten und unmittelbar danach besetzten AKW-Standort Wyhl verkündete Filbin-

Bei Günterstal, am Berg, im Wald – St. Valentin

ger in einer Regierungserklärung vom Februar 1975: „Ohne
das Kernkraftwerk Wyhl werden zum Ende des Jahrzehnts in
Baden-Württemberg die ersten Lichter ausgehen."

Selbst im hohen Günterstal ist die schwarze Weltsicht längst
nicht mehr verbindlich. Mitunter sieht man in der Riedbergstraße, wie Herren im besten Alter gegen 11.30 gen Briefka-
sten gehen, der hier öfter an einem schmiedeeisernen Tor
hängt. In einem Postkasten steckt das Magazin „Zeitzeichen
– Evangelische Kommentare zu Religion und Gesellschaft."
In Günterstal/in Günterstal/ do hockt dr Wohlstand überall,
müßte es heißen.

Berg frei – Valentin und Kohlerhau. Die Riedbergstraße führt
einen wie von selbst in Richtung Hochwald und Schauinsland.
Von den letzten Villen bis hoch zur Waldgaststätte St. Valentin
geht man kaum eine Viertelstunde. Die Waldeinkehr gehört
bis heute zu den Freiburger Legenden (vgl. S. 68), Kerzenlicht
und Studentenspeisung, anschließend eine weinselige Tal-
fahrt, kein Studium ohne Valentin-Saga. Als unser Seminar vor
gut 30 Jahren im Valentin unter dichtem Qualm und schwer-
ster Theorie beieinander hockte, ging es um's Ganze. Minde-

Waldfalten, deren Atem einen berührt

stens. Heute gehe ich allein durch den Wald gen Schauinsland. Einfach so, 15 Kilometer und gut 1.000 Höhenmeter an einem warmen Spätherbsttag, unbeschwert von Großraumtheorien. Und wenn Kierkegaard recht hat, und das Denken durch das Gehen wirklich einen besseren Fortgang nimmt, auch recht. Muß aber nicht sein.

Der Atem des Waldes. Nach einer Stunde, wenn Seele und Schritt synchronisiert sind, wird alles leichter. Die Welt wird sich nicht verändern, aber am Abend wird der Wein besser als an einem verhockten Tag schmecken. Eine gute Praxis ist es, eine Stadt und ihre Dinge schrittweise hinter sich zu lassen: über St. Valentin, im Rehhag (645 m), rauf zum Wegkreuz und Rastplatz am Sohlacker (692 m). Danach drei Kilometer auf einem schmalen, passageweise fast spitzweghaft romantischen Waldweg über die Horber Felsen bis zum Vorderen und Hinteren Kohlerhau, jetzt schon auf gut 820 Metern Höhe.

Mal fester, mal federnder, mal knochig-durchwurzelter Weg. Mit zunehmender Höhe immer mehr Moos am Fels. Waldfalten, deren feuchter Atem einen berührt. Dann eine verblockte Felspassage, über die ein Steg führt. Steter Wechsel zwischen

dunklen Steilhängen zum Dreisamtal hin und warmen Süd-
lagen, auf denen föhntrockenes Laub an den Ästen klappert.

Unter der Woche muß der schmale Weg nur selten mit Bi-
kern geteilt werden, am Wochenende sind die Verhältnisse
anders: im Netz wird die MTB-Route über Kohlerhau und
Sohlacker als „geile Freeride-Tour" gepriesen. Naherholung
wird gerne mit Helm und Schulterpolster praktiziert.

Vom Hinteren Kohlerhau sind es noch mal gut 400 Höhenmeter bis zum Schauinslandgipfel, die Aussichtsfelsen am
Weg sind ideale Brotzeitplätze: wer am Stäpfelefelsen (0,8 km
ab Kohlerhau) gen Horben und Vogesen schaut, braucht keine
Erklärungen zu Sinn und Zweck einer Schauinslandtour.

Romantik und Technik: In der Romantik wurde so ein Aus-
guck noch besungen: „Sanft übereinander geworfene Hügel
erheben sich allmählich zu einem Gebirge, wo das Auge ru-
het; an ihren Abhängen schimmern junge Lämmer zwischen
einem kleinen Buchenwald hervor." Vollmundige Euphorie,
wie sie ein CHRISTIAN LORENZ HIRSCHFELD in seinem »Land-
leben« zu Beginn des 19. Jahrhunderts über Seiten durchhält,
wirkt heute verzopft, obwohl schimmernde Lämmer auf den
Hängen um Horben bis heute zu sehen sind – nur zwei Windmühlen sind zwischenzeitlich dazugekommen. Sie erscheinen
zwischen Kohlerhau und Holzschlägermatte plötzlich über
den Wipfeln. Windräder müssen systembedingt überdimen-
sional sein, jedenfalls im Vergleich zur Restwelt der Lämmer.

In einer Studie zur ästhetischen Rechtfertigung von Wind-
kraftanlagen (*Landschaft verstehen*, Richard Schindler) wird
der Schwarzwald als Lebensraum präsentiert, in dem das auf-
fällige technische Bauen Tradition hat: Kloster- und Bergbau,
Löffelschmieden, Eisenbahnbrücken, Liftanlagen. Stimmt
durchaus, die drohende Verwandlung einer windarmen Kul-
tur- und Erholungslandschaft in ein Kombinat der Windin-
dustrie hat aber flächendeckende und irreparable Verände-
rungen als Folge.

Natürlich ist der Schwarzwald ist kein naturwüchsiges Ar-
kadien, sondern menschengemacht bis in tiefste Wälder. Das

Horizontverschmutzung – Blick von der Holzschlägermatte

beweisen schon Namen am Wanderweg wie „Kohlerhau" und „Holzschlägermatte". Der Bergbau am „Erzkasten" Schauinsland dauerte 700 Jahre, gegraben wurde auf 22 Sohlen, bis 1954. Andererseits sind Windmühlen das steilste Exempel eines blinden Energieaktionismus, sie stehen zudem länger und höher als jede aufgelassene Holzschlägermatte. Und alles wegen einer fragwürdigen Übergangstechnologie, die Zappelstrom liefert, den schon heute keiner braucht.

Seit Jahren gibt es am Titisee ein öffentlich gefördertes Badeparadies: Riesenrutschen, Palmengarten, karibikwarme Lagune. Der Jahres-Wärmebedarf entspricht in etwa dem von 3.500 Haushalten. Die beiden Windmühlen über der Holschlägermatte produzieren den Energiebedarf von maximal 1000 Haushalten – sofern die Winde wehen. Aber wir wollten ja unbeschwert gehen.

Gemischte Gefühle am Gipfel: Oben raus wird der Schauinsland nochmal anstrengend, topographisch und sozial. Die Schauinslandstraße kommt dem Wanderweg immer näher, sichtbar, auch hörbar. Unter der Woche Motorräder wie Kreissägen. Der Weg wird steiler, Gipfelspaziergänger kommen

Oben wird es noch mal anstrengend – topographisch und sozial

näher. Wie das so ist, mit Seilbahnstation und Straße kommt auch der Alltag näher. Macht aber nichts, wer losgeht und ankommt, hat alles richtig gemacht. Carl Zuckmayers alpines Gipfelglück erlebt man auch nach vier Stunden Mittelgebirge: „Alle Ermüdung ist verschwunden, man spürt nur ein leichtes Ziehen in den Beinmuskeln und genießt jeden Herzschlag."

Gipfelglück und Gipfelfrust. Dabei ist ein Gipfel im Südschwarzwald nicht nur Verheißung, sondern auch Warnung. Auf erschlossenen Kuppen im Südwesten droht kulinarischer Frust: Gleich ob Hochblauen, Belchen oder Feldberg – die Landmarken im Südwesten eint grandioser Ausblick und belanglose Gastronomie. Ein Rucksackvesper abseits der Gipfelwege wäre eine Alternative.

Den Schauinsland-Turm macht man trotzdem. Gipfel 1284 m, Turmplattform 1303 m. Internationales Publikum, umfassender Alpenblick. Freiburg liegt tief unter einem auf dem oberrheinischen Präsentierteller, Kaiserstuhl und Vogesen schon im blauen Dunst. Schön zu sehen auch, daß der Schwarzwald – trotz seinem steilen Westabfall – längst keine

1.303 m über dem Meer – Turmplattform auf dem Schauinsland

trennende Wirkung mehr hat: Freiburg liegt wie ein Scharnier zwischen Schwarzwald und Rheintal.

Historisch gesehen lebte Freiburg ohnehin lange von seinen Ost-West-Beziehungen. Die Universität wurde vom Österreicher Erzherzog Albrecht gegründet. Das Rheintal war Sumpfland, wichtige Post- und Verkehrswege führten über Jahrhunderte durch's Schwabentor gen Schwarzwald und Baar. Am Himmelreich wurden die Pferde gewechselt. Die riesige Rainhofscheune bei Kirchzarten, heute Hotel und Buchhandlung, war einst Relaisstation der Postkutschen. Die Höllentalbahn hat vor 120 Jahren den Tourismus von Freiburg in den Hochschwarzwald gebracht. Heute gibt es in Freiburg einzelne Autotunnel, aber keine leistungsfähige West-Ost-Achse. An der Dreisam gelten eben besondere Verkehrsregeln. Kann man als Schluß so lassen, oder?

 Günstiger Ausgangspunkt für die beschriebene Tour ist der Wanderparkplatz **Wonnhalde** oder der kleine Parkplatz am Wegweiser **Silberdobel** (bzw. die Straßenbahnhaltestelle Wonnhalde gegenüber). Rückkehr mit Schauinsland-Kabinenbahn und Anschlußbus. Ein Weg ca. 14 km, 1.100 Höhenmeter.

Zweimal Schauinsland

Mit 1.284 Metern Höhe und exponierter Lage
garantiert der Freiburger Hausberg durchaus Gipfelstimmung.

Schauinsland

Richtig tiefer Schwarzwald ist der Schauinsland noch nicht, aber schön hoch. Mit 1.284 Metern und seiner exponierten Westlage garantiert der Freiburger Hausberg durchaus Gipfel-stimmung. Dazu kommen pittoreske Zutaten: windkrumme Buchen, Paßstraße, Panoramawege, und alles schier mühelos erreichbar – manchmal ist der Schauinsland weniger Berg und mehr Freizeitpark.

Ein handliches Ziel, das nach dem Sonntagsbrunch in Frage kommt, bei geistiger Verkaterung, erst recht bei In-versionwetter und Talnebel. Deshalb sollten die Folgen der Popularität beachtet werden. Zur Kernfreizeit an Wochen-enden, herrscht gewaltiger Auftrieb, folglich bekommen auch Volkskundler was zu sehen: Sonnenanbeter, die zur Bestrahlung die Seitenscheibe halb runterlassen und Auto-radio hören. Patchwork-Familien unter Freizeitdruck, kom-plett mit Kindern, Zweitmann und Kraxe. Er: „Habt ihr die Bretter dabei." Sie: „Welche". Vielleicht besteht doch ein Zu-sammenhang zwischen Stauraum (im SUV) und kollektivem AHDS-Syndrom, speziell wenn es um die Bewältigung langer Wochenenden geht.

Unten Suppe, oben Sonne – am Höhenweg zum Wiedener Eck

Bergfahrt ab Günterstal mit der Schauinsland-Seilbahn. Anfahrt aus dem Stadtgebiet zur Talstation mit den Freiburger Verkehrsbetrieben (VAG) möglich. Die Kabinenbahn wurde 1930 als erste Personenseilbahn der Welt nach dem Prinzip einer Umlaufseilbahn in Betrieb genommen. Info und Webcam: bergwelt-schauinsland.de

Rollen und Gleiten: Die exponierte Schauinsland-Paßstraße bietet satten Weit- und Westblick, im Winter auch mal Schneeverwehungen. Wunderschön ist die Passage nach frisch gefallenem Schnee. Früh an einem Sommertag wäre die Strecke übrigens ideal für niedertouriges Rollen, dazu vielleicht Debussy, Dialog des Meeres und des Windes. Die Kunst, zu einer besonderen Strecke eine passende Filmmusik auszuwählen, ist vor lauter MTB-Gebretter auch etwas aus der Mode gekommen.

Panorama und Meerblick. Jede Stadt hat Promenaden für gewisse Stunden. Am Dreisamufer sitzen keine Freiburger, sondern Studenten und Schachtelpizza-Gourmets. Der eigentlich schöne Colombipark dient derzeit als Drogenbörse und Abziehgelände, während der Freiburger als solcher gerne in die Höhe strebt, besonders im Winter oder bei Hitze.

Der Westweg (oder auch Höhenweg) vom Parkplatz an der Paßstraße beim Hotel *Halde* rüber zum *Trubelsmattkopf* zählt zu jenen Freiburger Promenaden, die nicht in Freiburg liegen.

Mütze nicht vergessen – Winter auf dem Schauinsland

Der erste Kilometer über freies Gelände verspricht schwebendes Gehen, speziell an Herbst- und Wintertagen, wenn das Rheintal mit Nebel vollgelaufen ist (der Weg wird gespurt). Muß man da noch extra vom Meerblick schreiben? Man muß, denn hier ist einer der Wege, die man hundertmal geht und immer wieder neu erlebt. Auch eine ideale Strecke, um kleinere zwischenmenschliche Fragen zu lösen. Bei Westwind aber an Ohrenschützer denken.

Auch an schwülen Sommertagen haben solche Höhenwege besondere Qualitäten: während unten die Hitze brütet, ist die Wärme oben auf dem Berg wie eine zweite Haut: sie umschließt, aber sie belastet nicht.

 Günstige Ausgangspunkte: Schauinsland-**Halde** Richtung Wiedener Eck: Ab Parkplatz an der Paßstraße führt der Höhenweg als Teil des Westweges zunächst über freies Gelände mit Blick nach Südwesten. Ein Klassiker unter den Freiburger Auslüftstrecken, besonders die ersten Sonnenbänkle-Kilometer zwischen Paßstraße und Kaltenbrunnen/Haldenköpfle werden viel begangen. Mit einem Abstecher zum Zähringer Hof, bzw. zum Giesshübel (vgl. dort) auch eine kleine Schauinsland-Rundwanderung (1-2 h; Westweg Halde - **Trubelsmattkopf** - Gasthaus Wiedener Eck 8,5 km).

Platz in der Stube – in der Halde auf dem Schauinsland

Gastronomie auf dem Schauinsland

Zentraler Punkt ist das Höhenhotel *Halde* wenig unter der Paßhöhe: ein Haus für alle Fälle, draußen mit legendärer Sonnenbank, drinnen gepflegte Stuben, aber auch moderne Bereiche, ein Kaminfoyer zum Aufwärmen. Der umfangreiche Hotel- und Wellnessbereich rundet das stattliche Ensemble – in der Summe ist die Halde eine Welt für sich.

Familiärer und individueller der *Zähringer Hof,* nahe der Stohrenstraße ins Münstertal gelegen; mit seiner engagiert regionalen Küche eine kulinarische Ausnahme unter den sonst eher rustikalen Berggasthöfen um Freiburg.

Die *Holzschlägermatte* ist besonders: eine angenehme Hüttenwirtschaft in sonniger Lage. Obwohl direkt an der Auffahrt gelegen, wird dort nicht einfach abkassiert, sondern freundlich und solide bewirtet.

Zu allem gibt es noch eine Einkehr mit weitem Panoramablick direkt bei der Bergstation, sowie den historischen *Giesshübel,* dessen umfangreiche Sanierung geplant ist.

Platz an der Sonne – vor der Halde auf dem Schauinsland

DIE HALDE – Schauinsland. Die Halde schmiegt sich mit ihrem markanten Schindeldach mindestens so imposant in die Mulde neben der Paßstraße wie der Altbau von einst. Bis heute bieten die Originalstuben gepflegte Nostalgie, ein Genuß an Winterabenden, zur Teestunde oder nach einer Tour. Aufgehobenheitsgefühl auch in den klar gestalteten Räumen des neuen Hoteltraktes, mit Kamin-Lobby, Bar und Lesezimmer. Der Neubau bietet zudem ein *Badehaus* mit Sauna, großzügigem Panorama auf den Feldberg und Frei-schwimmteich. Zweifellos gehört die Halde zu den schönsten Hotels im Schwarzwald, sofern man auf Bollenhut und ange-schraubte Wälderromantik verzichten kann.

Etwas irritierend wirkt auf mich das rigide hausinterne Gästeleitsystem, oder sollte man Regiment sagen? Je nach Tageszeit, Saison und Betrieb werden manche Bereiche für Passanten abgeschottet, oder nur defensiv bedient, hinzu kommt ein in Stoßzeiten überlasteter Service.

Eine Welt für sich – Hotel Halde auf dem Schauinsland

Gastronomie: Das Angebot reicht vom gehobenen Wander-vesper bis zum größeren Menü. Gewisse Schwankungen sind bei einem komplexen Saisonbetrieb sicher keine Über-raschung. Souveränität bei allen Betriebstemperaturen hat die kulinarische Abteilung der Halde aber bis heute nicht erreicht. Das saisonbetonte Angebot stimmt vom Konzept, der Service wirkt bemüht, zeigt mitunter aber wenig mehr als Routine. In der Gesamtschau solcher Orte wiegen Architektur und Lage manches Detail auf. Ein Ausnahmeziel im Südschwarzwald.

Die Halde (Familie Hegar), Halde 2, 79254 Oberried-Hofsgrund (ruhige, freie Lage in einer kleinen Senke neben der Schauinsland-Paßstraße), Tel. 07602-9447-0; halde.com. ♣ Sehr beliebte Sonnenbank auf der großen Terrasse im Hof, Räume für Tagungen, Schauinsland-Badehaus und Spa mit Freibadeteich. Zahlreiche Kurz-Arrangements von Bergfrühling bis Winterzauber; Zimmer möglichst lange voraus reservieren. **Preise** im Restaurant: mittel-gehoben, kein RT.

Warme Gaststube, gute Küche: Zähringer Hof, Schauinsland-Stohren

ZÄHRINGER HOF – Auf dem Stohren. Ein familiär geführtes Höhengasthaus in Panoramalage auf 1.100 Metern. Im hellen, mit viel Holz gestalteten Gastraum mit niederer Decke kommt rasch Außenposten-Stimmung auf. Die breite Glasfront bietet Sicht nach Südwesten, auf der Freiterrasse wäre ein Vesperplatz, wenn unten schon Wintermäntel Pflicht sind. Die Gunst des Ortes kann nur an Ausflugswochenenden kippen, wenn der reizvolle Platz auch mal zum umlagerten Ziel wird.

Seit Jahr und Tag gilt der Zähringer Hof als Adresse, die trotz der exponierten Lage konsequent auf kulinarische Qualität setzt. Somit ideal als stadtnahes Höhenziel, wenn es etwas gemächlicher zugehen soll, als auf der betriebsamen Halde an der Paßhöhe. Geboten wird eine gepflegte Küche mit Regionalgerichten, bemerkenswerte Fleischqualität, bei der konsequent auf regionale Lieferanten geachtet wird. Wild aus Belchenjagd, Lamm aus dem Schwarzwald, Hinterwälder Kalb, Rindfleisch von der Weide, natürlich frische Forellen. Eine authentische Küche, die freilich ihren Preis hat. Das Konzept der Riesterers hat seine Stammgäste gefunden, es

Loge über dem Tal – Vogesenblick von der Holzschlägermatte

bleibt – trotz frommer Sprüche – immer noch die Ausnahme bei Ausflugslokalen im Schwarzwald. Die Zubereitung ist sorgfältig, ohne sich in Klimbim zu verlieren. Qualität auch beim Vesper, darunter Spielweger Rohmilchkäse, dazu kommen täglich ein, zwei sehr gute Kuchen, von der Chefin gebacken. Die Weinkarte ist in Preis und Breite dem gehobenen Niveau der Küche mehr als gewachsen. Ein Gunstplatz mit schöner Aussicht auf Land und Teller.

Zähringer Hof (Fam. Riesterer), 79244 Münstertal-Stohren. Tel. 07602-256; zaehringerhof.de (webcam). ♣ Kleine, sonnige Freiterrasse. Fünf Gästezimmer und zwei Appartements im neuen Gästehaus nebenan. **Preise**: gehoben. RT: Mo und Di. Anfahrt: vom Schauinsland zunächst 1 km abwärts Richtung Münstertal, dann die markierte Abzweigung und Zufahrt auf einer 1 km langen Stichstraße.

Gasthof Giesshübel, Stohren 17, ♣ Freiterrasse. Historisches Höhengasthaus mit 300 Jahren auf dem Buckel; nach einem Eigentümerwechsel ist eine Sanierung der potentiell viel versprechenden Liegenschaft geplant. Der Giesshübel könnte also zu neuer Form finden (derzeit gastronomische Zwischennutzung).

Sonnenstudio mit Vesperkarte – Holzschlägermatte

HOLZSCHLÄGERMATTE. Schon auf den ersten Blick ist die Holzschlägermatte eine Hüttenwirtschaft mit vollem Programm: Innen urig und holzgemütlich, draußen luftig und sonnig. Dies von vormittags bis abends, auch in den Wintermonaten, wenn die geschützten Sonnenbänke vor der Hüttenwand zur Loge mit Rheintalblick werden. So weit, so erfreulich. Andere Vorzüge fallen einem erst nach und nach auf. Selten, daß in solcher Lauflage so effektiv und gastfreundlich gewirtet wird. Natürlich dauert es bei Hochbetrieb auch mal, aber es bleibt das gute Gefühl, daß ein eingespieltes Team alles macht, was möglich ist: Vesper, guter Eintopf, warme Gerichte, die reichhaltige Kuchenterrine, alles über dem, was einem ansonsten in solcher Lage hingestellt, mitunter auch hingeknallt wird. Es geht also doch: Lauflage, Saisonbetrieb und menschenwürdige Gastronomie schließen sich nicht aus. Die Holzschlägermatte, Sonnenstudio und gute Hoffnung in einem. Und satt wird man auch noch. Danke schön!

Holzschlägermatte (Fam. Minuth), Schauinslandstraße 359, 79100 Freiburg, Tel: 07602-9209140; holzschlaegermatte.de. ♣ prächtige Sonnenterrasse, Küche von 11 bis 21 Uhr, RT: Mo und Di, Sommer: Mo.

Weiter hinter, weiter oben – Sankt Ulrich

Erst ein Apfelkuchen oder gleich eine
Panoramarunde um den Geisenfelsen?

Berg und Tal um St. Ulrich

Ausflug geht so: Durch das Tal der jungen Möhlin hoch nach St. Ulrich, weiter rauf nach Geiersnest und dann auf schmaler Straße bis zur Endhaltestelle am Gerstenhalmstüble. Erst ein Apfelkuchen auf dem Sonnenbalkon oder gleich eine Runde um den Geisenfelsen? Das Wanderheim dort oben heißt Berglusthaus und eigentlich ist der ganze Schlag zwischen St. Ulrich und Horben die reine Berglust. Man muß kein Lokalpatriot sein, aber man sollte sich jedes Jahr genug Zeit nehmen für die Berge und Buchten im Süden Freiburgs. St. Ulrich und Geiersnest dürfen dabei nicht fehlen.

Die Wirkung von Landschaft. Es gibt viele Gründe, weshalb Landschaft anregend oder gar beglückend wirkt. Ein Talgang, dem lange Linien von Landwirtschaft und Kultur eingegraben sind, aktiviert andere Gefühle als eine planierte Skipiste. Akkern, Gewinnen und Verlieren hinterläßt Spuren. Verklärend sagt man auch Idylle dazu.

Der in Generationen gewachsene Hofgarten, ein zur Landschaft passender Holzzaun, der alte Holunderbusch beim Wassertrog im Eck, ein geschwungener Viehweg, der den Lauf der Landschaft aufnimmt und betont ... Alles nützliche Anwendungen, Apps, wie es auch heißt. Mit dem Unterschied,

Würdiger Rahmen – Bauerngarten bei St. Ulrich

daß beim Heuen oder Wandern keine Zeitlöcher gestopft werden müssen, wie beim Warten auf einen Anschlußflug. Kleingehackte Zeit, nutzlose Kommunikation, der moderne Abfall bleibt bei Bergfahrten im Tal zurück.

Stauden an der Straße, Gänse am Bach. Fahren Sie also nach St. Ulrich und darüber hinaus. Wo es immerhin fünf Wirtschaften gibt, jede eine Nummer für sich. Wo in der Kehre oberhalb vom Rössle an einem Straßenstand besondere Duft-Kräuter, seltene heimische Freilandstauden, Gartendeko und Holz-Schneidbretter verkauft werden (*rosen-mai.de*). Wo sich ein Seitental höher der *Heinehof* versteckt, im Herbst mit einer ganzen Schar angehender Martinsgänse am Bach und gutem Vesper im Gasthof und auf der Terrasse.

Und noch weiter aufwärts, wo ein Bauerngarten mit einem neuen Holzlattenzaun eingehegt wurde. Neues Holz auf altem Land – meist kein schlechtes Zeichen. Man muß sensorisch schon ziemlich abgestumpft sein, um hier oben nicht landschaftlich berührt zu sein. Dabei verläuft die Kreisstraße 4956 zunächst unspektakulär: etwas Wiesengrund entlang der

Gewachsenes Gasthaus – Rössle in St. Ulrich

jungen Möhlin, bald darauf wird das enge Tal fast zur Klamm – viel Bach, wenig Himmel. Spätestens bei St. Ulrich gewinnt das Landschaftsbild aber mit jeder Kehre. Und es sind einige, bis man ganz oben in Geiersnest angekommen ist. Von dort dann Ausblick auf Belchen und Südschwarzwald, auf stattliche Höfe und sonnige Böschungen mit Lupinen, Kornblumen und Margeriten. Bei Kaiserwetter wirkt das Panorama fast schon arrangiert. Passende Einkehren gibt es genug, der Reihe nach erscheinen:

ZUM RÖSSLE – St. Ulrich. Im Tal, wo die Kirche über'm Dorf steht, bleibt manches wie es ist und manchmal ist es gut so, etwa im Rössle. Einige Gästezimmer und die Betriebsräume sind längst renoviert, das Herz des Hauses blieb erhalten: es wartet eine Gaststube mit Kachelofen, Eichendielen, gütig stimmender Raumwirkung und einem passenden Betriebssystem. Dazu kommt ein großer Nebenraum, der von Theater bis Hochzeit (oder anders rum) einen passenden Rahmen abgibt. Die sommerfrische Freiterrasse wird um den kleinen, sommerkühlen Garten am Bach ergänzt. Eine Idylle.

Weißer Sonntag – Rössle, St. Ulrich

Schon vor Jahren kehrte Sohn *Dominik Sumser* an den heimischen Herd zurück, er bietet eine Landgasthofküche, die zur Umgebung paßt. Bürgerliches zwischen Rindfleischsalat mit Brägele und Kalbsragout kocht Sumser ohne verkrampfte Klimmzüge, die Teller werden mächtig bis übermächtig gepackt, von vielen Gerichten gibt es aber auch kleine Portionen. Natürlich auch Vesper und Longseller wie Rumpsteak, Schnitzel und Schmorgerichte (teils vom eigenen Vieh); im Herbst Wild und Schlachtplatte. Bemerkenswert ist das Angebot an Flaschenweinen guter Privatgüter (u.a. *Ruser*, Lö-Tüllingen; *Lang*, FR-Munzingen) und die Weinkarte mit Analysewerten).

Zum Gesamterlebnis Rössle gehört die Seele des Hauses: bei einer Seniorchefin wie *Helga Sumser* fühlt man sich aufgehoben. Ein Rössle-Abend am runden Tisch vor dem Kachelofen oder im Winkel auf der Bank, wirkt wie Seelenbalsam. Das Publikum – eine muntere Mischung aus luxusmüden Städtern und Eingeborenen – paßt zum Sanatorium namens Rössle.

Gasthaus Rössle (Familie Sumser), 79283 Bollschweil-St. Ulrich, Tel.

Blühender Barock – Kloster St. Ulrich

07602-252; gasthausroessle.de; moderne, preiswerte Gästezimmer. ♣ sommerfrische Gartenterrasse am Bach, Freisitz vor dem Haus. **Preise**: günstig-mittel. Mi bis Fr ab 17 Uhr, Sa und So ab 11.30 Uhr, RT: Mo, Di.

Kloster St. Ulrich: in St. Ulrich käme noch ein Gang zur Kirche und um das Pfarrhaus in Frage. Das ursprüngliche Kloster wurde schon im 11. Jahrhundert gegründet, von damals ist aber nichts erhalten. Der Kirchenbau Mitte des 18. Jahrhunderts ist ein Werk des Vorarlberger Barockkünstlers *Peter Thumb* (1681-1766), der St. Ulrich ab 1739 ausschmückte. Fast alle Kunstmaler, Stukkateure, Architekten und Innenausstatter, die in St. Ulrich arbeiteten, waren zuvor schon auf der ungleich größeren Baustelle von St. Peter im Südschwarzwald beschäftigt.

Reiches, blühendes Leben. Zum Innenraum der Klosterkirche sei der ehemalige Hauptkonservator *Dr. Lacroix* zitiert: „Ihr Innenraum gewinnt dank der reichen Ausstattung und des störungsfreien Zusammengehens aller Details reiches, blühendes Leben." Ein reiches, blühendes Leben dank störungsfreiem Zusammengehen aller Details, von welchem

Ein paar Höfe in himmelweiter Landschaft – Geiersnest

Bauträger-Einfamilienhaus läßt sich das heute sagen? Auch deshalb lohnt der Blick auf das Werk alter Meister. Eine weitere historische Rarität ist der romanische Taufstein im Pfarrhof: der acht Tonnen schwere Sandsteinblock ist mit einem Relief von Christus und den 12 Aposteln ornamentiert.

Bereits an der Ortseinfahrt von St. Ulrich fällt ein Schild auf: *Clunezianische Gemeinde* – der namensgebende heilige Ulrich war ein Anhänger des Burgunderklosters Cluny, er starb 1093 und wurde in der nach ihm benannten Klosterkirche beerdigt. Eine der barocken Statuen in der Kirche zeigt den heiligen Ulrich, er hält ein Buch mit dem Titel «Consuetudines Cluniacenses» = Clunezianische Gewohnheiten.

St. Ulrich - Geiersnest - Gerstenhalm: Von St. Ulrich hoch zur Endstation am Wanderparkplatz *Gerstenhalm* sind es nur 3,5 Kilometer, aber zuletzt wächst die Straße schier über sich hinaus. Schon oberhalb von St. Ulrich locken Sonnenhänge mit Einzelhöfen, ein ideales Tourengebiet. Zu Fuß, mit dem Rad oder einfach für ein Vesper am Waldrand.

Zu allem ist das gelobte Land noch bestückt mit vier ländli-

Essbare Landschaften – angehende Martinsgänse vom Heinehof

chen Einkehren und der Volksmund läßt uns wissen: „Ob Hei-
ne-, Schweig-, Gerstenhalm oder Kohler, in jedem Hof fühlt
man sich wohler!" Und dann kommt noch das Bauernhofeis-
Hüttle oben auf dem Eckhof (vgl. dazu unter Horben).

SONNERS HEINEHOF, St. Ulrich: etwa 500 Meter oberhalb von
St. Ulrich geht es links ab, eine kurze Stichstraße führt in ein
kleines Seitental. Am Straßenende liegt geschützt der *Heinehof* der Familie Sonner. Die einfache, bereits 1993 eröffnete
Hof-Straußenwirtschaft wurde 2008 zu einer professionell
geführten, übers Tal hinaus geschätzen Hof-Gaststätte. Beibehalten wurde das so sinnvolle wie eingängige Konzept einer
„Land- und Gastwirtschaft." Selbstvermarktung ist kein Alibi,
sondern der Markenkern vom Heinehof: Eigener Weinbau,
Saft von Streuobst, Brot und Kuchen aus der Hof-Backstube,
Schweinehaltung und Limousin-Rinderzucht, sogar eine eigene Gänsemast (für die beliebten Gänsemenüs im Spätherbst)
gehören zum Programm. Ebenso wie die familiäre Stimmung
auf Hof und Umschwung – Ställe zum Anschauen, Kapelle, ein
großer Spielplatz und Mottoabende wie Candle-Light sorgen

![Einsam gelegen, viel besucht – der Heinehof bei St. Ulrich]

Einsam gelegen, viel besucht – der Heinehof bei St. Ulrich

an Ausflugswochenenden mitunter für reichlich Umtrieb. An den ruhigen Wochentagen ist die Sonnenterrasse ein schöner Platz für stillere Geister, drinnen wurde im rustikalen Landhausstil renoviert. Die Küche ist bodenständig-solid, ohne die Derbheiten mancher Landgasthöfe. Nudelsuppe, Rindfleisch und Rumpsteak, Brägele und eigene Bratwurst, auch die Schlachtplatte, alles über Durchschnitt. Was will man mehr nach einer langen Runde über die Höhen.

Sonners Heinehof, 79283 Bollschweil - St. Ulrich, Nr. 21, Tel. 07602-281, ♣ Terrasse; Gästezimmer ganzjährig. Extras etc: heinehof.de, **Preise**: günstig-mittel. Sa, So ab 11 Uhr, sonst ab 16 Uhr, RT: Di und Mi.

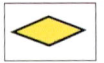 **Ausgangspunkte**: Wanderwegweiser und Orientierungstafel mit den St. Ulrich Rundwegen an der Straße in St. Ulrich, neben dem Rössle. Wenig oberhalb führt der Talweg entlang der jungen Möhlin zum **Winterberg-Waldparkplatz** (623 m). Ab hier: Eduardshöhe 2,4 km, Giesshübel 4,0 km, Schauinsland 7,0 km.

Wenige Meter oberhalb St. Ulrich führt die Landstraße (K 4956) aus dem engen Talgrund der Möhlin in weiten Schwüngen über offenes Weideland – schön auch als fordernde Radtour. Diese mit Fortsetzung

Am Ende der Straße – Rastplatz bei der Krone, Geiersnest

über Parkplatz **Gerstenhalm**, Eckhof, Eduardshöhe, von dort runter nach Horben und über Günterstal zurück nach Freiburg-Stadt – ein Traum.

SCHWEIGHOF – Geiersnest: Noch vor der scharfen Rechtskurve oben in Geiersnest führt eine zwei Kilometer lange Stichstraße nach Westen an den äußersten Nestrand der Siedlung (Holzschild: Gasthaus Schweighof). Am Ende der schmalen, neu asphaltierten Strecke wartet eine urige Wirtschaft in Alleinlage. Ein fast verwunschen gelegener Außenposten mit robuster, aber gerechter Stimmung und ebensolchem Angebot: Nach erwandertem Hunger ist so eine Station nicht ohne Reiz. Kachelofen, Bauernbrot und Vesper, Warmes zwischen Bratwurst, Schnitzel und Rumpsteak, gute Nudelsuppe, volksnah geerdete Stimmung.

Schweighof, St. Ulrich-Geiersnest, Tel. 07602-249, ♣ Freiterrasse in tiefgrüner Umgebung oberhalb St. Ulrich. Auch der Blumengarten auf der Wiese vor dem Gasthaus wäre einen Blick wert, dort eine lange Vesperbank. **Preise**: günstig. Mo bis Mi ab 16 Uhr, So ab 11 Uhr.

Balkonien – Gerstenhalmstüble in Geiersnest

Der *Paulihof* oben in Geiersnest hat den gastronomischen Betrieb mit dem Frühjahr 2017 eingestellt, für die Einkehr fand sich keine Nachfolge in der Familie. Immer schade um so einen Fleck. So bleibt nur die Erinnerung an selbst gebackene Kuchen, streichholzdünnen Wurstsalat, Schlachtplatte von der eigenen Sau; vor allem aber an die warme Sonnenbank auf der Terrasse mit Heile-Welt-Panorama. Zum Tagträumen genügte dort schon ein Wurstbrot und ein Bier.

GERSTENHALMSTÜBLE – Geiersnest. Kurz vor dem gleichnamigen Wanderparkplatz wartet eine einfache Einkehr in großartiger Lage. Das Stüble am Steilhang von Geiersnest bietet ein kleines Vesperangebot in der Wurstsalat & Brägeleklasse, Kuchen vom Haus und vor allem bei Inversionswetter das erhebende Gefühl, am richtigen Fleck zu sein, zu schweben. Der gedeckte Apfelkuchen im Bild oben rechts wurde Ende Oktober 2016 genossen, bei gefühlten 25 Grad vor der Hauswand vom Gerstenhalmstüble. An einem Samstagmittag gegen drei Uhr, wenn in der Freiburger Innenstadt die Parkhäuser voll sind. Das sollte genügen.

Vom richtigen Zeitpunkt – Apfelkuchen am Samstagnachmittag

Gerstenhalmstüble, 79283 St.Ulrich-Geiersnest. ♣ herausragend und sonnig wie selten der über St. Ulrich schwebende Freibalkon; Tel. 07602-286, von Fr bis Mo.

Günstige Ausgangspunkte: Nach den letzten Häusern von Geiersnest verengt sich die Straße und nach wenigen Metern erreicht man den Wanderparkplatz **Gerstenhalm** (847 m, Ende der Kfz-Fahrstrecke, Wegweiser). Von hier aus zahlreiche Wandermöglichkeiten über sonnige Hochweiden: Eduardshöhe 1 km (859 m); Horben 2,5 km; Giesshübel 2,5 km; Schauinsland 6,5 km.

Keinesfalls versäumen sollte man die kaum 3 km lange Panoramarunde um den Hohbühl auf breiten, kommoden Wegen. Wegweiser: **Gerstenhalm - Eckewitti - Eduardshöhe - Berglusthaus - Gerstenhalm**. Im Sommer blumenreiche Bergwiesen; lohnend auch im Winter, um dem Talnebel zu entkommen. Freie, meist auch gespurte Wege, die bei Bedarf über **Kaltwasser** bis zum Schauinsland weiterführen.

- Der acht Kilometer **St. Ulrich Rundweg** erschließt Höhepunkte der Landschaft und Einkehren zwischen Möhlintal und Hohbühl.

- Das **Berglusthaus** in Alleinlage am Hohbühl oberhalb St. Ulrich wird vom Schwarzwaldverein Freiburg-Hohbühl an Wochenenden teilbewirtet (kalte Getränke, Heißwasser für Tee). Sa von 14 bis 22 Uhr, So von 11 bis 17 Uhr (Winter 16 Uhr). Preiswerte Mehrbettzimmer, Zufahrt nur für Übernachtungsgäste; freiburg-hohbühl.de.

Bei der St. Erentrudiskapelle am Tuniberg

Ein weiter Blick auf eine beschleunigte Landschaft:
Folientunnel, Märzenspargel, Neubaugebiete.

Ausfahrt Freiburg Süd

Autobahnausfahrt Freiburg Süd, flaches Land zwischen Tuniberg und Schönberg. Weiter Himmel und fruchtbarer Lößboden, vor ein paar tausend Jahren vom Wind zu meterhohen Schollen aufgetürmt. Die Trasse der Autobahn A 5 führt auf Höhe der Raststätte Breisgau mitten durch. Ein idealer Grund für Spargel und Wein, auch für Neubaugebiete und noch einen Folientunnel mehr. Es muß alles schneller und früher gehen. Schöner Wohnen, schneller Spargeln.

Ganz vorne auf der Tunibergspitze stehen ein paar Aussichtsbänke an der Auffahrt zur Erentrudiskapelle. Ihr Standort bietet einen grandiosen Blick auf eine beschleunigte Landschaft: Saisonarbeiter, die für ein paar Euro auf Sonderkulturen buckeln, das satte Golfplatzgrün im trocken gelegten Riedgraben bei Rimsingen. Daneben die Bruchmatten, wo Rollrasen kultiviert wird, für jene, die auch nicht warten können. Dazwischen die Autobahn, links die Kolonne mit Terminfracht, rechts der Außendienst auf dem Weg zum nächsten Termin, der totale Flow. Und dahinter der Belchen, als sei nichts gewesen.

Außerdem halten sich in der Strömung ein paar Inseln. Sie

Grüne Kante – Tuniberg, Kapellenberg und St. Erentrudiskapelle

heißen St. Erentrudiskapelle, Tuniberg-Höhenweg, blühender Weinbergpfirsich am Wegrand, oder auch Rebstock in
Scherzingen.

REBSTOCK – Scherzingen. Im Rebstock fühlt sich der Gast
gleich zuhause, trotzdem war ich lange nicht mehr dort. Wie
das Leben so spielt – erst war der Sommer zu heiß, dann der
Herbst zu trocken und irgendwann verblassen die Stunden
im Rebstock, im Engel, oder in der Frohen Einkehr. Obwohl
es dort bekömmlich war, sozial und überhaupt.

Aber dann steht einem der Sinn nach einer unkomplizier-
ten Landpartie, man erinnert sich und ruft nach langer Zeit
wieder im Rebstock an. Sabine ist gleich am Telefon und sie
klingt wie gestern dort gewesen. Herzerfrischend grad raus.
Keine Guten-Tag-mein-Name-ist-was-kann-ich-für-Sie-tun-
Schallplatte, sondern eine Gastgeberin. Es gibt hohe Häuser,
da mag man nicht mehr anrufen, weil die Reservierung einer
Aufnahmeprüfung gleicht. Und es gibt Gaststätten, die schon
am Telefon gut schmecken. Auch nach Jahren.

Drei vom Rebstock, Sabine in der Mitte

Egal ob demnächst der Iwan oder der Tugendterror aus Brüssel einmarschiert, wichtig für Wanderer zwischen den Welten bleiben humane Zeichen. Unsere liebsten Plätze sagen bei der Begrüßung, beim Auftragen der Schüsseln und beim Bezahlen: Schutzsuchender, mag die Welt noch so garstig sein, hier findest du Obdach. Jedenfalls solange du nicht mit Gläsern wirfst. Das gilt überall, deshalb steht es nirgends. Wer solche Inseln kennt, kann nicht untergehen.

Der Rebstock in Scherzingen ist eine Frauenwirtschaft. Sabine kocht, ihre Mutter ist immer noch dabei. Gute-Laune-Damen servieren, als käme jeden Abend eine Großfamilie nach Hause, ins Eßzimmer im 1. Stock an der Bahnlinie. Es gibt keine Probleme, sondern Lösungen. Rösche Brägele wie immer, Schnitzel, soweit die Füße tragen, Fleischküchle hoch wie breit; Abendempfehlungen stehen auf der Tafel. Es gibt eine Wiedervereinigungsküche nach dem Motto Einkehren statt Ausgehen – und nach dem Essen bleibt ein warmes Gefühl. Für Geborgenheit gibt es keine Sterne und keine Punkte. Es gibt aber Gäste, die so was nicht vergessen.

Jede gute Wirtin ist eine aufmerksame Wirtin. Sabine war

Wein und Panorama – am Munzinger Kapellenberg

neulich so präsent wie immer. Vermutlich könnte sie am Ende des Abends die meisten Vornamen ihrer Gäste auf einen Zettel schreiben, nebst Vorlieben und Marotten. Ich bin mir aber sicher, daß ihr Gästebuch nie in fremde Hände gerät. Wir sehen uns nicht jeden Tag, aber wir halten zusammen. Bis zum nächsten Mal.

Rebstock, 79238 Scherzingen (bei Ehrenkirchen), Tel. 07664-60598, ♣ Innenhof hinterm Haus, Mo bis Fr ab 17 Uhr. RT: Sa und So

 Günstige Ausgangspunkte: Eine direkte Straßenzufahrt zur Südspitze des Tunibergs (sowie zum lohnenden Tuniberg-Panoramaweg) beginnt gegenüber vom Golfplatz. Abzw. von der B 31 Munzingen - Oberrimsingen, ca. 100 m nach der Golfplatz-Parkfläche scharf rechts ab, dann folgt eine kleines Schild ‚Tuniberg Höhenweg'. Schon bei der Auffahrt über die Rebterrassen am Kapellenberg immer wieder weite Sicht nach Süden: Südschwarzwald, Belchen, Rheintal und Vogesen bilden ein 270 Grad-Panorama. Später kommt noch Sicht auf die Freiburger Bucht hinzu.

Wer einem Besucher die Siedlungs- und Landschaftsformen im Südwesten erläutern möchte, muß nur zu den beiden Aussichtsbänken bei der Birke über dem Golfplatz hochfahren, der Rest erklärt sich dann von allein. Alternative: direkte Auffahrt zur St. Erentrudiskapelle ab

Weißfleischig, saftig, aromatisch: Weinbergpfirsiche

Ortseingang Munzingen, gleich links ab, über Steingrüble Richtung Sportplatz und Stadion. Oben an der Kapelle dann die Wanderwegweiser **Kapellenberg** bzw. **Erentrudiskapelle** mit Vorschlägen in alle Himmelsrichtungen.

Der Garten im Weinberg: Zu den unterschätzten Freuden gehört ein halbwilder Pfirsichbaum zwischen den Reben. Vollreife Weinbergpfirsiche sind ein Aromawunder: weißfleischig, vor Saft triefend, zart behaarter Teint. Daraus könnte ein Luxusdessert werden, ein Halbgefrorenes vom Weinbergpfirsich. Und was gilt als Luxus? Mangosorbet mit Physalislaternchen, Flugobst an Puderzucker-Feinstaub.

Selbst im Winter liefert ein Weinberg Genüsse: In einigen Lagen wächst wilder Feldsalat. Wer zur rechten Zeit sucht (ab Dezember, im zeitigen Frühjahr), findet zwischen den Reben, an Mauern und Seitenstreifen oft meterbreite Feldsalatnester. Aber nicht nur Feldsalat, auch junger Löwenzahn sprießt früh in warmen Weinberglagen; an Böschungen findet man mitunter auch die wilde Rauke, deren Zuchtform unter dem Namen Rucola Karriere gemacht hat.

Pfirsichblüte im März, Rebblüte im Juni. Mit der Flurberei-
nigung in den Rebbergen sind auch viele der Pfirsichbäume
verschwunden. Da und dort stehen aber noch ein paar, schon
vor dem Blattaustrieb leuchten die zartrosa Blüten im zeitigen Frühjahr, manchmal schon Ende Februar, Anfang März.
Neben Aprikose und Mandel gehören Pfirsiche zu den ersten
unter den Steinobstblüten. Wer nur einmal einen voll reifen
Weinbergpfirsiche gegessen hat, wird die harten Kugeln aus
dem Supermarkt nicht mehr anrühren.

   In den letzten Jahren werden wieder vermehrt Bäume gesetzt, so daß Weinbergpfirsiche da und dort wieder auf Märk-

Ausfahren und Aufblühen – am Tuniberg

ten oder auch an Straßenständen angeboten werden. Etwa auf dem Freiburger Wochenmarkt, aber auch an Hofständen längs der Weinstraße und am Tuniberg.

Ein Frühsommergenuß ist der süße, an Lindenblüten erinnernde Duft während der *Rebblüte*. Je nach Witterung, Sorte und Lage blühen die jungen Triebe ab Mitte bis gegen Ende Juni. Rebwanderungen zu dieser Zeit sind ein Bad in der Wonne. Ein Bad, das nichts kostet und manchem Besucher einer Wellnesszone verschlossen bleibt.

Zur Arbeit gehen

Der Freiburger Westen ist Pendlerland,
Schlafsiedlungen wachsen, Äcker verschwinden

Nach Westen

Landschaftlich bietet der Freiburger Westen wenig Höhepunkte, eher mehr Pendlerland mit guter Autobahnanbindung. Keine besonderen Vorkommnisse zwischen den Anschlußstellen Freiburg Nord, Mitte und Süd. Die Schlafsiedlungen wachsen, während Ackerland und ländliche Restidylle schrumpfen. Wie die Claims abgesteckt werden, sieht man westlich der Autobahnausfahrt Freiburg-Mitte gleich an der Ortseinfahrt von Umkirch: Penny, Rossmann, Reihenhaus – alles schön bunt hier. Auch gastronomisch wenig Aufregendes. Ein Tuniberg-Winzer sagte mir mal, er treffe in den Reben bevorzugt zwei Gruppen von Leuten: arbeitende Osteuropäer und deutsche Spaziergänger mit Hunden. Es geht, solang es geht, sagen ältere Einheimischen zum sozialen Wandel.

Auch in der flachen March und Richtung Tuniberg wird die Lage nur vereinzelt ansehnlicher und kulinarisch ergiebiger. Manches Dorf im Speckgürtel Freiburgs hat seine Funktionen erst ausgesiedelt und dann verloren. Tankstellen, Discounter und Fitneßstudios machen abends einen belebten Eindruck, aber wohin in Pennyland, wenn man nicht zum Einkaufen oder zum Tanken möchte?

Am schönsten sind solche Nicht-mehr-Landschaften und

Erbaut 1785 – und kein bißchen müde

Noch-nicht-Städte vom Fahrrad aus. Es gibt im Freiburger Westen ein dichtes Netz an Fahrradwegen, man kann sich genüßlich treiben lassen. Längs von Gemüseäckern und Maisfeldern, vom Mühlbach über den Dreisamdamm bis zur Elz, man sieht viel und muß nichts. Im Hochsommer wären allein schon die vielen Baggerseen Grund genug für eine weitere Schleife mit dem Rad.

Und irgendwann taucht an einer Kreuzung im Dorf eben doch ein passabler Biergarten auf. Etwa in Freiburg-Opfingen der ebenso große wie beliebte Innenhof der *Blume*, oder im Fachwerkdorf Vörstetten die *Sonne*. Etwa 60 Fachwerkhäuser sind in Vörstetten noch erhalten und gepflegt, die meisten davon stehen eingeschossig mit dem Giebel zur Straße ausgerichtet.

Das zweigeschossige Fachwerk von Löwen (1785) und Sonne (1813) gehört zu den besonders prächtigen Ausnahmen. Hinter der Fassade der Sonne verbirgt sich eine nicht minder schöne Stube mit kapitalem Kachelofen und gediegener Holzgemütlichkeit. Unter der Woche gibt es preiswerten Mittagstisch, im Sommer eine Hofterrasse im Kastanienschatten. Im

Möglichkeiten in alle Richtungen – am Tuniberg-Westweg

Löwen und in der Löwenscheune wird (nach Voranmeldung) für Gruppen ab 15 Personen nach Maß gewirtet.

Ein **Radtourenvorschlag** unter vielen Optionen: Von Freiburg z.B. über die Radwege an der Opfinger Straße nach Westen ausfahren. Nach der Autobahnüberfahrt rechts im Wald der große Opfinger Baggersee (Grasuferpartien, auch Schatten, ruhige Abschnitte im Norden, an Wochenenden aber viel Betrieb und teils bedenkliches Publikum). Weiter dann bis Opfingen (Blume, mit Biergarten) und am östl. Tunibergrand entlang über St. Nikolaus bis nach Waltershofen. Auf der Strecke nach Merdingen sind Abstecher in den verkehrsarmen inneren Tuniberg möglich, der bestens mit einem Netz geteerter Landwirtschafts- und Radwege erschlossen ist. Bademöglichkeit im Baggersee bei Niederrimsingen oder im See bei Hartheim.

Auch die flache March, einst ein feuchtes Wiesen- und Auenland, hat sich längst in eine vorstädtische Landreserve verwandelt. Die vierspurige Schnellstraße ab AB-Ausfahrt *Freiburg Mitte* führt über Gottenheim hinaus und damit schon fast an den Kaiserstuhl. Durch die gute Verkehrsanbindung und die Schnellbahnlinie bekommen die March-Gemeinden

Leberle und Edelbrände – Kaiserstuhl, Nimburg

mehr Transit- als Dorfcharakter. So erinnert in March-Buchheim wenig an jene Buchenwälder, die den Lößboden in der wasserreichen Dreisamniederung einst bedeckten. Munter wie der Mühlbach strömt nun der Pendlerverkehr von Ort zu Ort, ruhiger wird es nur am Wochenende, wenn Radlergruppen durch die Auen zwischen Dreisam und Mühlbach ziehen.

KAISERSTUHL – Nimburg. Die Fassade wurde Himbeerrot gestrichen, sonst alles wie gehabt. Der Kaiserstuhl ist eine Adresse, die unter vorgehaltener Hand gegeben wird – bevorzugt unter Nichtveganern gesetzteren Alters, die Experimente ablehnen. Drinnen ein Gastraum ohne Ornament, auf dem Tresen steht ein frischer Blumenstrauß, auf dem Fensterbrett Topfpflanzen. Das Schlichte wirkt hier behütet, wie es nur in einer familiären Kleingastronomie möglich ist. Sie kocht, er wirtet. Vier Tagen in der Woche, ab 18 Uhr. Edmund Guldenfels hat ja noch neun Hektar Reben, Obst und ein Brennrecht – der Kaiserstuhl ist eine Nebenerwerbsgaststätte. Die chipsdünn gehobelten Kartoffeln stehen zwar als Bratkartofffeln auf der Karte, ihr Crunch geht aber in Richtung Brägele. Montag

Blau machen – am Baggersee zwischen Sasbach und Wyhl

und Dienstag (und nur dann) gibt es frische Innereien wie Leberle (sauer oder geröstet) und Sulz, sonst eben Schnitzel, Steak und halbe Hähnle. Dazu kommt ein grüner Salat, wie er früher auf dem Land üblich war: verlesene Blätter, schön sauer angemacht, die Blattrippen abgetrennt. Passend hierzu die Originalstimmung einer schlicht-aufrichtigen Landeinkehr – ein Kleinod, aus der Zeit gefallen. Bemerkenswert die persönliche Bewirtung, ab und zu kommt ein verschmitztes Lächeln über *Edmund Guldenfels*. Der Reiz des Ortes wird einer websigen Kundschaft jedoch verschlossen bleiben, wofür natürlich auch die Karte sorgt, die sich auf Grundversorgung beschränkt. Meister Guldenfels brennt auch leidenschaftlich, mit einem feinen Händchen.

Gasthaus Kaiserstuhl (Edmund Guldenfels), 79331 Nimburg, Breisacherstr. 17. Tel. 07663-2261. RT: Mi, Do, So, sonst ab 18 Uhr; gute Auswahl an eigenen Feinobstbränden im Gasthaus und zum Verkauf. **Preise**: preiswert.

 Angenehme **Bademöglichkeit** im renaturierten Nimburger Baggersee, Parkplatz, Liegewiese, Kiosk. Oder auch am See zwischen Sasbach und Wyhl, als erfrischende Ergänzung einer Radtour zwischen der March und dem Kaiserstuhl.

Schwarzwald im Rücken, Freiburg vor Augen

*Das Zartener Becken, 30 Quadratkilometer
Kulturland auf einem Schwemmfächer der Dreisam.*

Dreisamtal

Abseits der Bundesstraße 31 bietet das Dreisamtal noch beachtlich freie Landschaft. Grünland, über Generationen kultiviert, ebenmäßig und plan, gerahmt von den steilen Flanken des Schwarzwaldes.

Die Dreisam hat am Pegel Ebnet ein Einzugsgebiet von immerhin 260 Quadratkilometern. Auf einem breiten Schwemmlandfächer von 30 Quadratkilometern hat der Fluß seine Fracht abgelagert: das *Zartener Becken*. Alles, was im Südwestschwarzwald nicht zum Urgestein zählt, bildet seinen Grund: vom weichen Schluff über Kies und Schotter, bis zu kubikmetergroßen Felsbrocken. Nach ein paar Jahrhunderten Landwirtschaft ist daraus eine weite Niederung geworden. Mit Mähwiesen und Weideland, letzten Einzelhöfen und Gemeinden, die beides haben: den Schwarzwald im Rücken und Freiburg vor Augen.

Gegen den Strom. Wichtigster Hinweis für Streifzüge über den Zartener Beckenrand hinaus: Die Bundesstraße 31 führt zwar schnell durchs Dreisamtal, die Trasse erschließt aber keinen landschaftlichen Reiz. Kein Nebental, keinen Radweg am glucksenden Bach, auch keinen Hofladen Bibiliskäs' oder

Land mit Schwung – zwischen Dietenbach und Geroldstal

Bauernhofeis, und schon gar keinen Kachelofen-Hirschen, an dem man das Gesehene verdauen könnte.

Ab Ebnet oder Littenweiler gilt deshalb: ergiebiger als auf der Bundesstraße 31 kommt der Landschaftsfreund auf Nebenstraßen voran. Entweder über die Landstraße 133 direkt nach Osten Richtung Zarten und Stegen. Oder vom Ende des Kappler Tunnels über die Kreisstraße nach Kirchzarten und Dietenbach.

Kappel wurde schon 1974 nach Freiburg eingemeindet. Die ehemalige Bergbaugemeinde liegt in einem recht engen, partienweise winterschattigen Talgang am Fuß des Schauinsland. Weiter oben ist grünes Land, unten im Ortskern wurden Lücken und lichte Hänge dicht bebaut. Auch ums Rathaus und die Traditionseinkehr Kreuz wurde gehörig nachverdichtet. Der Freiburger Siedlungsdruck entweicht in alle Richtungen, die Folgen sehen im besten Fall pragmatisch aus.

KREUZ – FR-Kappel. Umgeben von den Neubauten im Ort wirkt die alte Stube (geb. 1755) wie eine romantische Insel. Holzdielenboden, Kachelofen, tiefe Decke – eine Emotions-

Mit Eckbank und Kachelofen – Kreuz in Kappel

einkehr. Aber auch hier wird jede Lücke genutzt, die Tische stehen eng bis sehr eng, der freundliche Service agiert mit hoher Frequenz. Die Karte bietet von vielem etwas, Rindsroulade und Rostbraten, Forelle und Zander, auch vegetarisch und international. Offensichtlich möchte die Küche ein konventionell-bürgerliches Spektrum bieten, beim Produkt, bei der Zubereitung, bei den großen Portionen. Also gehören kompakt abgebundene Saucen ebenso zum Kanon wie eng und hoch bepackte Teller; man orientiere sich an risikofreien Positionen. Auf der Weinkarte neben Erwartbarem auch interessante Posten von guten Weingütern, so daß auch Fortgeschrittene etwas finden.

Das Besondere am Kreuz ist sein Stubencharme. Gepaart mit weißer Tischwäsche, Stoffservietten und historischem Hotelsilber ergibt sich ein Menü, wie es in den neuen Etagenwohnungen ringsum nicht mehr serviert wird.

Gasthaus zum Kreuz (Familie Hug), 79117 FR-Kappel, Großtalstraße 28, Tel. 0761-620550; gasthaus-kreuz-kappel.de, Gästehaus, Ferienwohnung. ♣ Gartenterrasse. **Preise**: mittel, Mi und Do ab 18 Uhr, sonst ab 12 Uhr, RT: Mo und Di.

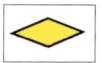

Lohnt den Aufstieg – Orchideenblüte im oberen Attental

Am Ende der Talstraße (Todtnauer Straße) zwei hoch ge-
legene Ausgangspunkte für Touren Richtung Rappenecker
Hütte (bewirtet) und Schauinslandgebiet: zunächst der
Wanderwegweiser **An der Herderhütte,** noch höher: **Leopoldstollen**
(Parkplatz, 800 m).

Bach und Tal. Attental und Ibental heißen zwei Seitentäler
an der Nordflanke des Zartener Beckens, zwei ideale Ziele
bei spontan auftretender Stadtmüdigkeit. Schon die Fahrt
aus dem breiten Dreisamtal sanft hinauf ins schmale Attental
hat etwas. Mit jedem Höhenmeter kommt der Schwarzwald
näher: Hofdächer und Holzbeugen werden mächtiger, die
Matten frischer, der Kaminrauch bekommt einen Stich ins
Blaue. Man feuert hier mit Holz aus Privatwald – keine fünf
Kilometer von Freiburgs Stadtgrenze entfernt.

WALDCAFÉ FALLER, Attental. Fast schon in Talschlußlage
liegt das Waldcafé – Sommerfrische, Landpartie, Kuchentreff
und Wandereinkehr in einem und genau für solche Zwecke
durchaus brauchbar. Das Haus am Bach, die schattige Ter-

Klassischer Energieriegel – im Waldcafé Faller, Attental

rasse, das Holzofenbrot zum Vesper, die begehbare (!) Kuchenvitrine in einem Nebenraum der Küche, die rustikal-ländliche Grundstimmung, alles wirkt wie das Gegenteil einer städtischen Cafélounge und somit paßt das Faller gut in den Talgang. Oder auch zur Einkehr nach einer Runde über den Weidberg am *Streckereck*. Von dort oben hat man einen weiten Blick ins Zartener Becken und nach einer Panoramatour schmeckt der Käskuchen bekanntlich noch besser.

Waldcafé Faller, Attentalstraße 7, 79252 Stegen-Attental, Tel: 07661-611 01, ♣ Terrasse mit Pergola, **Preise**: günstig. RT: Mo und Di.

Baldenweger Hof. Etwas östlich vom Attental, in der Ebene Richtung Wittental, liegt der Baldenwegerhof. Mehr Erlebnis-Hofgut als Hof, auch der Begriff Hofladen wäre eine Untertreibung für das selten breit gefächerte Selbstvermarktungskonzept des Betriebs. Es gibt hier fast alles, was das Dreisamtal hergibt und noch einiges mehr, inklusive Straußenwirtschaft, Pensionsställen und Kinderspielplatz. Landwirtschaft dient allen, täglich von 9 bis 18.30 Uhr, am Sa 8 bis 13 Uhr, baldenwegerhof.de.

 Touren im Attental: Günstiger Ausgangspunkt am Waldcafé Faller, bzw. am Wanderwegweiser am **Albrechtenhof** (407 m) wenig höher an der Talstraße. Lohnend wegen

Ohne Landwirtschaft kein Sonne, weil Urwald

der Sicht ins Dreisamtal wären die fast 300 Höhenmeter Aufstieg zum Wegweiser am **Streckereck** (680 m), bzw. zum nahen Weidberg. Vom Kamm zwischen Attental und Föhrental teils herrliche Sicht nach Süden ins Dreisamtal und rüber zum Schauinsland.

Kreisstraße Nr. 4909. Autowanderer, das Ibental mußt Du erst mal finden. Nach gefühlten fünf Kreiseln im Straßengeschlinge zwischen B 31, Stegen und Buchenbach, geht es dann irgendwann auf die Kreisstraße 4909. Auch die windet sich erst noch mal etwas unentschieden hin und her. Ab dem Petershof geht es dann endlich stur den Ibenbach aufwärts, direkt ins Tal hinein und bei Bedarf weiter bis St. Peter. Auch hier der typische Dreisamtaleffekt: schon wenige Kilometer abseits der Durchgangsroute B 31 beginnt ein rascher Szenenwechsel. Einzelhöfe sind umgeben von ebenmäßigem Kulturland. Sie heißen: Leistmacherhof, Jägerhof, Melcherhof, Schlegelhansenhof und nach Arbeit und Generationenvertrag sieht das Land auch aus.

Hier mußte erst mal einer anfangen mit dem großen Aufräumen. Im Hochmittelalter ging es los, auf Geheiß der hohen Klosterherren von St. Peter: Urwälder roden, Wegebau,

Historischer Nahverkehr – vor dem Hirschen im Ibental

Steilhänge urbar machen, Steine klopfen, Weiden anlegen. Auch im Ibental mäht sich das Wiesle nicht von allein, bis heute nicht. Ohne Landwirtschaft, Grünlandbewirtschaftung und Viehhaltung (Obacht Veganer!) sähe das Kulturland hier etwas anders aus. Mehr wie ein Urwald im Hochmittelalter, jedenfalls nicht Mountainbike gerecht erschlossen und vom Schwarzwaldverein auch nicht mit komfortablen Wegzeichen versehen. Das darf man auch mal sagen, um Rohköstler zu erden.

Einen Hirschen in Unteribental gäbe es ohne Viehhaltung auch nicht, keine Speckbrettle, keinen Braten und keine tatsächlich im Haus gemachte Schlachtplatte. *Fit for vegan* – vom hohen Roß der Erleuchteten ist leicht reden, wenn zuvor 20 Generationen lang geackert wurde. Auf einer Schwarzwaldtour einfach ab und zu mal dran denken: Ohne Grünlandwirtschaft kein Sonnenbühl, weil Urwald.

HIRSCHEN, Buchenbach-Ibental: Der Hirschen ist wie er ist, ein einfaches Landgasthaus mit mehr als hundert Jahresringen und jenen atmosphärischen Zutaten, die ein Gasthaus

Schwarzwälder Lounge – Hirschen im Ibental

auch mal in eine Rettungsinsel verwandeln. Nach einer Sommerwanderung oder auch zur Schlachtplattenzeit an einem kalten Winternachmittag, wenn Kachelofen und Stubengefühl für Schwarzwälder Aufgehobenheitsgefühl sorgen.

Ganz so lupenrein wie auf der historischen Aufnahme sieht das *Hirschen Wirsthisli* heute nicht mehr aus. Im Lauf der Jahre ist offensichtlich einiges dazugekommen: Dachgauben, Umbauten, Anbauten, Zutaten. Hinten raus, wo früher der Küchengarten begann, sind Laube und Terrasse, auf den Schildern an der Scheune steht geschrieben, was so läuft im Hirschen und es geht einiges: die gute Schlachtplatte ist laut Hausmitteilung ein „Event im Herbst". Die geklärte, schön kräftige Brühe der Metzelsuppe ist wirklich ein Ereignis, sauber gemacht wie die hausgemachten Blut-, Leber- und Bratwürste aus schlachtwarmem Fleisch. Dazu Erbsen - und Kartoffelbrei – Schlachtplatte komplett.

Wursten ist sinnlicher als Thermomixen, auch daran mußte ich beim Besuch im Hirschen denken. Die rustikale Einkehr im Ibental paßt jedenfalls zum weiten, frischwürzigen Auslauf, der unmittelbar vor der Gasthaustür beginnt oder endet.

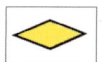

Ins Tal komponiert – Jungbauernhof bei Kirchzarten-Dietenbach

Hirschen, Ibentalstr. 38, D-79256 Buchenbach-Unteribental, Tel: 07661-981 190; hirschen-wirtshisli.de, ♣ große, sonnige Terrasse, **Preise**: günstig-mittel, RT: Di.

Günstige Ausgangspunkte im Ibental: Wanderwegweiser direkt beim Hirschen, als Start oder Ziel einer Bergrunde über Gallihof, Maria Lindenberg und dem Panoramaplatz Hochgericht (813 m). Oder 3 km weiter dem Ibenbach folgen bis zum Wegweiser am Bildstock **Steinhäusle**.

Dietenbach und Geroldstal. Links und rechts der B 31 ließe sich noch manche Abschweifung empfehlen: nicht weit vom Schuß, doch attraktiv versteckt, liegt der *Landgasthof Rössle* in Kirchzarten-Dietenbach. Wegen seiner Traditionsstube, der reizvoll-verträumten Terrasse unter Apfelbäumen und der gehobenen Regionalküche schon ein Ziel an sich. Ein Ziel für Freigänger, die den Donnerstag auch mal zum Sonntag machen (www.zumroessle.de).

Passend zum Umschwung beginnt just beim Wanderwegweiser am Rössle auch noch eine zwar kurze, aber schmucke Landpartie längs der Brugga hoch nach Oberried. Eine schma-

Feinstaub ist anderswo

le, geschwungene Nebenstraße, nur zwei Kilometer, aber was für welche: An einem goldenen Oktobertag wirken Höfe und Kühe wie ins Tal komponiert.

Bauernhofeis und Bibiliskäs. Oben am *Ruhbauernhof* gibt es das allseits bekannte Bauernhofeis, unten am *Jungbauernhof* hat es einen kleinen Hofladen, mit kernigem Bohnapfelsaft, Bioland-Frischkäse und Quark: dieser Bibiliskäs' aus Rohmilch ist bekanntlich die urbadische Beilage zu Brägele (aber nur in der seltenen Rohmilchversion; jungbauernhof-kirchzarten.de).

Südlich von Kirchzarten, an der Abzweigung beim Segelflugplatz, steht ein antiquiertes Holzschild direkt an der Landstraße. Eigentlich müßte das Schild *Kirchzarten-Luftkurort* zweihundert Meter weiter südwestlich stehen, am Lauf der jungen Brugga. Mehr Luftkurort als zwischen Dietenbach und Geroldstal geht nicht.

Günstige Ausgangspunkte: zwei Wanderwegweiser, einer beim Gasthaus **Rössle** in Dietenbach, der andere beim **Jungbauernhof**. Beide an der Nebenstraße nach Oberried.

Garten Eden mit Weinservice – Schlegelhof, Kirchzarten

Neben dem schon erwähnten *Rössle* in Kirchzarten-Dietenbach wären im Dreisamtal noch zwei weitere Adressen mit einer außergewöhnlichen Küche. Einkehrmotto bei beiden: Qualität statt Renommierküche:

SCHLEGELHOF – Kirchzarten. Der Schlegelhof liegt etwas abseits der Hauptrouten im Dreisamtal, im Kirchzartener Schöner Wohnen-Ortsteil Burg-Höfen. Das ist dort, wo der Rasen kurz gehalten wird und die Vorgärten stramm stehen. Mittendrin wartet ein Familienbetrieb, in dem Bodenständigkeit nicht mit Stillstand verwechselt wird. Nach einer Erweiterung vor Jahren warten helle, freundliche Gasträume mit viel Holz, aber ohne banale Romantik-Applikationen. Mit traditionellem Material wurde hier eine zeitgemäß-behagliche Raumwirkung geschaffen. Draußen bietet der Schlegelhof einen geschützten Freisitz auf der überdachten Terrasse, daran anschließend der selten großzügige Garten mit Tischen, locker im Rasengrund verteilt. Das Arrangement geht schrankenlos ins weite Grün über – ein Salon unter freiem Himmel. Einzig im Dreisamtal und im Breisgau.

Feine Aussichten im Dreisamtal – Schlegelhof, Kirchzarten

Der Schlegelhof bietet eine kulinarische Zuverlässigkeit, wie sie nur ein eingefahrener, aber nicht festgefahrener Familienbetrieb leisten kann. Was aus Martin Schlegels Küche kommt, hat Hand und Fuß: gute Fleischqualität von Wild bis Lammrücken, dazu Tagesgerichte und Fisch nach Marktlage, auf einer Tafel gleich am Eingang.

Die kompakte Karte paßt auf eine Seite und bietet dennoch eine Spannweite von gutbürgerlich bis delikat. Zudem scheut die Küche nicht vor Traditionen: Bibiliskäs' und Rindfleischsalat mit Brägele gehören ebenso zum Kanon wie ein rosa Rehfilet mit Selleriepürree. Die Zubereitung ist handwerklich tadellos, aber nicht überdreht. Dazu kommt ein Service, der vom warmen Teller über die Stoffserviette bis zur Nachfrage am Gast bleibt, ohne aufdringlich zu sein. Außergewöhnliche Weinkarte mit Spitzenerzeugern aus der Region und Ausflügen nach Frankreich, Italien und Übersee – und endlich korrekt temperierte Rotweine! Die Adresse im Dreisamtal für eine risikofreie Komforteinkehr. Gepflegte Gästezimmer, Sauna mit Liegeweise, Berg und Talblick.

Grau wird gerne genommen – Dachlandschaft in Kirchzarten

Gasthaus & Hotel Schlegelhof (Fam. Schlegel), 79199 Kirchzarten/
Burg-Höfen, Höfener Str. 92, Tel. 07661-5051; schlegelhof.de. Ruhige,
wohnliche Gästezimmer, Sauna. ♣ geschützte Terrasse, sehr großzügiger
Garten mit Blick ins weite Grün. **Preise**: gehoben; RT: Mi.

Oberhalb von Kirchzarten wäre noch ein Panoramaplatz für die kleine
Auszeit zwischendurch: Sonnenuntergang schauen, loswandern oder
einfach nur Übersicht gewinnen: der **Girsberg** (464 m) und die Pilger-
gaststätte **St. Laurentius** werden über eine kurze, knackig steile Zufahrt
via Silberbrunnenstraße erreicht. Am Ende der Stichstraße liegt ein beliebtes Ausflugslokal mit Ausflugsküche, dazu eine ♣ Gartenwirtschaft
unter Linden, recht (kunter-)bunt möbliert, freilich mit einem famosen
Blick ins Dreisamtal: In der Bildmitte erblicken wir ein Kirchzarten, das
im Wortsinne über sich hinauswächst. Wie Jahresringe im Holz sind die
Expansionsphasen an unterschiedlichen Farben zu erkennen. Auch die
Dachpfanne geht mit der Zeit – eine Zeit lang war Signalrot in Mode,
heute wird ein unverbindlich softes Lounge-Grau sehr gerne genommen.

 Gute Tourenmöglichkeiten ab Girsberg (464 m): vom Ein-
Stunden-Rundweg bis Tagestour. Sportlich ist der Aufstieg
über Häusleberg (1.001 m) und **Hinterwaldkopf** (1.196 m)
bis zur Hinterwaldkopfhütte (bewirtet); evtl. mit Verlängerung über
Alpersbach bis nach Hinterzarten (Bahnhof), dort mit Anschluß an die
Höllental-Bahn zurück nach Kirchzarten. Eine runde Sache, allerdings
gut 700 Höhenmeter.

Tradition, frisch serviert – Sternen-Post, Oberried

STERNEN-POST – Oberried. Das Traditionshaus in der Ortsmitte wurde vor Jahren renoviert, seither sorgen Dielenboden und Kachelofen, Holzkassettendecke und großzügig gestellte Tische für ein ländliches Raumgefühl. Der gepflegte
Landhausstil mag für Puristen etwas niedlich ausfallen, die
Ausstattung harmoniert aber mit Gast und Küche. Die bietet
Ambitioniertes und pflegt auch Klassiker, die zur Kernkompe-
tenz eines Landgasthofes gehören. Also gibt es nicht nur Kurz-
gebratenes, sondern auch mal was Geschmortes, Fisch und
frische Forellen aus der Brugga sind immer zu haben; auch
eine Vesperkarte wird aufgelegt. Fleisch, Wild und Gemüse
kommen auf kurzem Weg von bewährten Lieferanten, die Weine auf der kundig angelegten Karte stammen aus bekannter
regionaler Quelle, auch Italien und Frankreich sind vertreten.
Viele offen ausgeschenkte Positionen, anständige Kalkulation.

Gekocht wird in der Sternen-Post solide, wobei gerade die
kleine Formate, wie Vorspeisen und die angebotenen Zwi-
schengerichte gefallen. Summe der Eindrücke: hier wird zuverlässig gewirtet. Der Service zeigt Routine, die selten geworden ist. Was korrespondierende Gäste anzieht, die heute

![Ausgangspunkt und Einkehr – Erlenbacher Hütte, bei Oberried]

Ausgangspunkt und Einkehr – Erlenbacher Hütte, bei Oberried

ebenfalls selten sind. Nach längeren Abenden in der Sternen-Post warten im ersten Stock fünf Doppelzimmer.

Sternen-Post (Fam. Lutz), 79254 Oberried, Tel. 07661-98 98 49; gasthaus-sternen-post.de, ♣ Terrasse am Haus, Gästezimmer. **Preise**: mittel, RT: Mo-abend und Di.

Wochenmarkt in Oberried vor der Klosterscheuer am Freitag ab 14 Uhr, klein aber atmosphärisch; Bewirtung in der schön renovierten Klosterschiire durch örtliche Vereine. Klosterplatz 1, Termine, Veranstaltungen: klosterscheune-oberried.de

 Touren. Der schönste Wanderausgangspunkt bei Oberried ist zugleich ein überlegener Einkehrort: Die **Erlenbacher Hütte** (1.125 m; RT: Mo und Di, außer Feiertage) wird über Oberried-Vörlinsbach auf einer knapp 8 km langen Waldfahrtstraße erreicht, sie führt über den Gfällwaldweg und die Kletterfelsen an der Gfällmatte mitten in den Hochschwarzwald hinein. Die sonnigen Weiden zwischen Erlenbacher Hütte, Tote Mann, Immisberg und weiter bis zur **Feldberghalde** (5 km, ab Erlenbacher Hütte), bieten Tourenmöglichkeiten im Herzen des Südschwarzwaldes. Aber längst nicht so überlaufene Wege wie anderswo im Feldberggebiet. Anfahrt ab FR-Zentrum kaum eine halbe Stunde, auch ein Freiburger Wunder.

Am Wildtaler Eck

*Auf der Paßhöhe zwischen Wildtal und Föhrental gibt es kei-
nen Aussichtsturm. Jeder sieht auch so genug.*

Balkone im Norden

Freiburg hat eine Universität, der Breisgau hat Gewerbe-
gebiete. Im flachen Dreieck zwischen Elz und Dreisam ver-
schwimmen die Gemeindegrenzen. Gundelfingen wächst,
Denzlingen wächst stark und Sexau wird auch immer länger.
Das sorgt für Gewerbe und Steuer, aber nicht für Liebreiz. So
läßt sich sagen, ein Freiburger fährt nicht nach Emmendingen, höchstens ins Glottertal.

Wer im Norden Freiburgs Land für einen freien Nachmittag
sucht, sollte in die Täler hinein, wo es überraschende Winkel
und schier frei schwebende Balkone gibt. Weiter hinten im
sonnigen Wildtal liegt ein Talschlußcafé namens Burgblick,
Wanderwege führen hoch zum Wildtaler Eck. Vorbei an solitär
stehenden Esskastanien, mächtig wie im Tessin. Oben auf der
Paßhöhe zwischen Wildtal und Föhrental braucht es keinen
Aussichtsturm. Jeder sieht auch so genug.

Hinten und oben im Glottertal gibt es den Mosthof, rustikale Vesper und feinsten Talblick. Einmal kam die Wirtin
um drei Uhr vom Äpfel auflesen zurück und schloss sogleich
die Vesperstube auf. Bei weiterem Bedarf an Urschwarzwald
könnte man weiterfahren bis Sägendobel, das so liegt, wie es
heißt. Unten im engen Dobel gibt es hausgemachte Holzki-

Wandern mit Schwung – am Wildtaler Eck

sten zu kaufen, sägerauh oder geflämmt. Beim Engel stehen Biergartenstühle und ein paar Tische im kleinen Grasgärtle direkt über dem kühlen Glotterbach. Ein Versteck, falls es weiter unten ganz heiß wird.

Meerblick vom Wildtaler Eck: Auf dem elegant geschwungenen Sattel zwischen Wildtal und Föhrental, steht eine mächtige Esskastanie. Sie steht an einem der erhabenen Plätze im Breisgau, die Aussichtsbank daneben bietet Landesschau, statt Landesgartenschau. Runter nach Gundelfingen sind es fünf Kilometer, nach Freiburg neun, die ersten Hofstellen im Tal liegen gut einen Kilometer unterhalb der Anhöhe.

Breisgauer Meerblick auf Rheintal, Kaiserstuhl und Vogesen. Auf der Sonnenseite reicht das Rebland weit ins Tal hinein, vereinzelt wird auf den warmen Hängen jenes Beerenobst kultiviert, das auch auf dem Freiburger Münsterplatz angeboten wird. Die letzten alten Maronenbäume im Wildtal sind eine Begleiterscheinung der Landwirtschaft in Weinbaulagen, aus ihrem Holz ließen sich dauerhafte Rebpfähle, Stangen und Bottiche fertigen. Auch die ebenmäßigen Mähwiesen und Viehweiden verdienen das Prädikat besonders wertvoll.

Unten an der Zufahrt zum Leimstollenhof steht eine Reihe fulminanter Birnbaumpyramiden, deren Ernte hätte früher einen Mostkeller gefüllt. Früher, als das Fitnessstudio eine Obstwiese war. Von der Wildtaler Höhe blickt man auf eine Kulturlandschaft, die von Generationen geschaffen wurde. Generationen, die nicht abgeholt wurden, die mit sich selber fertig werden mußten, ohne Freizeitindustrie.

Freitag ist Backtag. Von der Höhe am Wildtaler Eck geht es über den *Vogtshof* talauswärts. Im Vogtshof wird am Freitag gebacken, im Lädele direkt an der Talstraße duftet es dann so betörend nach frischem Steinofenbrot, daß man einfach eintreten muß. Dazu gibt es Äpfel und als Wegzehrung schneeweiß durchwachsene Energieriegel aus der Region. Jenen, die schon etwas länger hier leben, auch als Speck bekannt. Eine Runde im Wildtal erdet und erhebt in einem. Der Anstieg zum Wildtaler Eck ist Ehrensache und er lohnt sich.

CAFÉ BURGBLICK – Wildtal. Ein Platz abseits vom Durchgangsverkehr im hinteren Talgang versteckt, aber alles andere als unbekannt. An Sommerwochenenden ein wuseliges Ausflugsziel für stadtmüde Familien, ruhigere Geister kommen unter der Woche, wenn sich Senioren zum Cego treffen oder Paare das üppige Kuchenbuffet inspizieren. Die Torten sind mindestens so hoch wie die Frisuren der Damen, die davor sitzen. Mittagstisch, Vesper warm und kalt, alles möglich im Burgblick, außerdem verfügt das Haus über zwei geschützt gelegene Stammtische (drinnen und draußen!), sowie eine zupackend-patente Wirtin, die alle und alles auf Kurs hält.

Cafe Burgblick, 79194 Gundelfingen-Wildtal, Talstraße 131, Tel. 0761- 533 21, ♣ Freiterrasse, **Preise**: günstig, RT: Di.

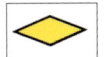 **Günstige Tourenausgangspunkte:** Im Tal beim Café **Burgblick**; Wanderwegweiser am **Vogtshof**, Distanzen: Vogtshof - Wildtaler Eck: 2,5, Glottertal-Ortsmitte 6 km. Vom Wildtaler Eck lohnender Übergang über **Streckereck** (2,5 km) ins Attental (5 km, Einkehr Waldcafé Faller, vgl. S. 144).

Konzentrierte Romantik

*Auch im Glottertal keine Regel ohne Ausnahme,
kein Tal ohne lauschige Winkel.*

Glottertal aufwärts

Kalenderblatt-Schwarzwald: die Rebhänge der Steillagen Eichberg und Roter Bur reichen dicht an dunkle Nadelwälder. An der Durchgangsstraße reihen sich Traditionshäuser, die höhere Romantikgastronomie bieten: Kächele & Deckle, Jakobsmuscheln, Filettöpfle, Zwiebelrostbraten. Da jubiliert nicht nur Arals Schlemmer-Atlas. Ob ein talaufwärts angebotener „Schwabenteller" für Willkommenskultur oder Gästeabwehr steht, können Betroffene aus unserem östlichen Landesteil selbst entscheiden.

Geranien und Jakobsmuscheln. Liebhaber der Schwarzwälder Landhausatmosphäre werden längs der Ortsdurchfahrt sicher was Nettes finden. Auf mich wirkt eine so konzentrierte Folklore eher appetitzügelnd. Aber auch im Glottertal keine Regel ohne Ausnahme, kein Tal ohne lauschige Winkel: Die gibt es auch im *Goldenen Engel*, unübersehbar ein zentrales Gasthaus seit Jahrhunderten. Heute proper hergerichtet und üppig mit Geranien garniert, deren Heimat ja eigentlich mal die Steppe Südafrikas war. Aber drinnen in den Stuben bietet das Holzhaus doch eine behagliche schwarzwälder Grundstimmung. Gehoben-bürgerliche Küche nach der Zeit: re-

Steil, steiler, Roter Bur – Rebberg im Glottertal

gional, mediterran, international (Tel. 07684-250; goldener-engel-glottertal.de, Gästezimmer).

Touren im Glottertal. Es klingt vielleicht nicht besonders originell, lohnt sich aber: Längs der Reblagen im Glottertal verläuft ein Winzerpfad, mal im Tal, mal auf der Höhe, oft mit Blick. Insgesamt 9 km bei sehr moderaten 220 Höhenmetern. Unterwegs sind zahlreiche Varianten durch die höheren Lagen am Schlossbühl und am Eichberg möglich, die gesamten Sonnenhänge im Tal sind ohnehin bestens mit Wegen erschlossen. Im Herbst und im Winter herrlich warm, im Sommer könnte das Schwimmbad direkt an der Route des Winzerpfades ein Zwischenziel, oder auch der Endpunkt sein. Beginn des Winzerpfades bei der WG, ebenso gut aber auch direkt in der Ortsmitte bei Engel/Kirche/Parkplatz Friedhof, dort die Wanderwegweiser **Ortsmitte** (304 m), bzw. **Am Friedhof**. Entfernungen für ambitioniertere Touren: Glottertal - Kandel (1.242 m) 8,5 km, Höhenweg nach St. Peter (704 m) 10 km.

Romantiker zur Sonne: Oben im Tal ein Bild von einer Schwarzwald-Stube. Nicht nur anläßlich einer keimenden Bekanntschaft, in passender Begleitung kann so ein Nest immer Schmelz entwickeln. Es sage keiner, das Glottertal sei nur Schwarzwald für Holländer.

Ein Bild von einer Stube – Sonne, Oberglottertal

ZUR SONNE – Oberglottertal. Schon auf den ersten Blick ein Ziel, richtig behaglich wird es aber erst drinnen: die Raumwirkung der Sonnenstube sucht ihresgleichen im Tal – allein schon der Dielenboden, die gebeizte Wandvertäfelung, die umlaufende Sitzbank und die warme Akustik. Neben der Theke eine stimmige Kachelofen-Stammtischkombination, im Eck der Herrgottswinkel.

Der behüteten Stimmung entspricht ein Angebot, das vom Vesper über Forellen bis zu Ambitioniertem reicht. Badisch und mediterran halt, aber zum Glück auf getrennten Tellern. Die Standards sind zuverlässig, Mittagstisch und ein kleines Menü gehören dazu. Auch das Weinangebot paßt, einzelne gute Flaschenweine sind darunter. Der familiäre Service wirkt aufmerksam. In der Summe also eine Küche mit Augenmaß ohne Klimmzüge, aber in seelenwärmender Umgebung. Während der Sommersaison Betrieb wie überall im Tal, in der ruhigeren Jahreszeit eine Gemütseinkehr.

Zur Sonne (Fam. Dilger), 79286 Glottertal, Talstraße 103, Tel. 07684-242. ♣ Gartenterrasse; sonne-glottertal.de. **Preise**: mittel, RT: Mi, Do.

Balkon am Ende der Straße – Dilgerhof, Glottertal

DILGERHOF – Oberglottertal. Zum Dilgerhof, oft auch *Most-hof* genannt, muß man wollen. Kein lauter Hinweis steht an der Abzweigung in Oberglottertal, nur ein kleines, schlichtes Holzschild. *Am Kandelbächle, Dilgerhof, Nr. 22 F* steht da sehr zurückhaltend an der Landstraße. In weiten Schwüngen führt die Zufahrt ansehnlich zu den paar Höfen am Fuß des Kandel. Erst vorbei an der Abzweigung zur Käserei im *Birklehof*, dann hoch durch bildhübsches Weide- und Streuobstland: wo es nicht mehr weitergeht ist der Dilgerhof. Auch oben auf dem Hofanwesen keine bunte Gasthausreklame, sondern Apfel-saft, Most im Steinkrug, Käse und Basisvesper aus eigener Schlachtung, als wichtigstes Extra eine sonnige Holzveranda mit Jenseitsblick ins Tal und vorne raus bis zum Kaiserstuhl.

Im Hofgebäude wartet eine einfach-urige Vesperstube mit breiten Dielen und Devotionalien. Auf einem Sims über der Holzbank stehen ein paar Honiggläser vom Dilgerhof. „Ech-ter Deutscher Waldhonig" steht auf dem schlichten Etikette, „Echte Schwarzwälder Stimmung" könnte auf dem Dilgerhof stehen, aber es gibt hier oben keine große Ansage und schon gar keinen Eventschwarzwald. Alles wirkt einfach, aber echt

Oktoberfest – Vesperplatz am Mosthof

und recht so wie es ist. Bei meinem letzten Besuch kam die Wirtin direkt vom Äpfel auflesen zum Aufschließen der Stube. Es war ein sonniger Herbsttag. Apfelmost, Vesper vom Brett, die schwarze Hofkatze lag in der Sonne. Ein stilles Oktoberfest.

Dilgerhof (Mosthof), 79286 Oberglottertal, Am Kandelbächle 22, Tel: 07684-1241; dilgerhof-glottertal.de, ♣ sonnige Veranda mit Traumblick, ab 15 Uhr, RT: So.

Günstige Ausgangspunkte im Oberglottertal: Der Dilgerhof liegt nicht direkt am, aber nah am Murweg (Wegweiser **Winterholenbächle**). Der Murweg führt über den Gummenbergweg (Wegweiser **Gummenwald**) zur außen bewirteten **Gummenhütte** (1.133 m). Von dort hoch zum Kandelgipfel auf 1.242 Metern. Mit gut 700 Höhenmetern und 7,5 km eine schöne, fordernde Mittelgebirgstour. Möglichst nur bei klarem Wetter, auch wegen der hervorragenden Lage der bewirteten Gummenütte (vgl. folgende Seite).

Am Bach: Säge und Engel. Sägendobel liegt an der Landstraße 186a von Oberglottertal zum Kandel. Die kleine Wäldersiedlung macht ihrem Namen alle Ehre. In dem Ortsteil von St. Peter gibt eine Säge am Glotterbach mit Holzkisten-

Meerblick im Breisgau – und noch 299 m bis zum „Fensterliwirt"

Direktverkauf, die Häuser drumrum liegen so eng im trich-
terförmigen Taleinschnitt, wie es sich für einen Dobel gehört.
Eine Siedlung in der Schlucht, der Bach rauscht und oben am
Engel stehen ein paar Tische auf der Grasterrasse direkt überm
Bach. Innen ist Dobel-Schwarzwald wie vor Jahrzehnten, die
erfahrene Wirtin hält Stellung. Bei Tropenwetter im Rheintal
eine frische Etappe auf dem Weg zum Kandel oder nach St.
Peter, sonst eine Expedition in eine Heimat, die nicht jeder
kennt.

GUMMENHÜTTE am Kandel: Die Wander- und Hirtenhüt-
te (genannt: *Fensterliwirt,* auf 1.133 m) liegt in Traumlage
auf sonnigen Hochweiden unter dem Kandelgipfel und sie
stiehlt diesem in mancher Hinsicht die Schau: autofreier Umschwung, großartiger Blick nach Südwesten, freundliche, qua-
litätvolle Außenbewirtung. Somit auf einer Tour am Kandel
ein Festplatz mit Meerblick. Die kuriose Bewirtung durch eine
bodentiefe Küchenluke direkt ins Freie, verdankt die Hütte
dem Wirken von Aufsichtsbehörden. Diese meinen, daß die
Liegenschaft gastronomisch als Kiosk zu behandeln sei. Also

Vesper nur draußen – Gummenhütte am Kandel (1.133 m)

kann an einem der schönsten Panoramaflecken über dem Breisgau nicht eingekehrt werden, sondern es darf derzeit nur der Außenbereich bespielt werden.

Während der Saison reichen die Gummenwirte und Hirten Andrea und Andy ihre guten regionalen Vesper und hüttengebackene Kuchen, garniert mit reichlich urschwarzwälder Pioniergeist. Respekt für diese gastronomische Leistung unter so schwierigen Bedingungen!

Gummenhütte am Kandel. Geöffnet in der Regel von Anfang Mai bis Spätherbst. Zeiten, Details zur Bewirtung, Unterkunftsmöglichkeiten etc: gummenhuette.de

Günstige Ausgangspunkte nahe der Gummenhütte: der kürzeste Zugang zur Hütte beginnt am gipfelnahen Wanderparkplatz an der Kandelstraße (L 186a), diese führt aus Oberglottertal und Sägendobel kommend zum Kandel-Gipfel weiter. Der **Wanderparkplatz** liegt ca. 500 m vor dem Kandelgipfel, hier der Wanderwegweiser **Kaibeloch**. Die Wege zur Hütte sind gut (und originell) beschildert, vom Parkplatz Kaibeloch sind es ca. 500 Meter großartigen Weges über den Sattel bis zur Hütte. Weitere Distanzen ab Wegweiser bei der **Gummenhütte** (1.148 m): Kandel 1,2 km, St. Peter 9,0 km, St. Peter Plattenhof 6,5 km, Glottertal-Ortsmitte 8,0 km.

Vollwerteinkehr an der alten Bundesstraße

Understatement ist die Stärke
des Ochsen in Emmendingen-Wasser.

Emmendingen und Malterdingen

Nur wegen Emmendingen-City fährt kaum ein Freiburger nach Norden. Nach Emmendingen-Wasser kommt aber mancher von weiter her als nur von der Dreisam. Vollwertige Landstraßengasthöfe, die bei ihren Tugenden bleiben, sind rar. Hier wäre einer, der wie ein Fels an der alten Bundesstraße steht. Alltagstauglich, unkompliziert, ohne Allüre, trendfrei, zuverlässig seit Jahr und Tag. Man geht in den Ochsen nach Wasser, unter Kennern ist das Erklärung genug.

OCHSEN – Emmendingen-Wasser. Durch eine Umfahrung hat der Emmendinger Ortsteil Wasser seine Ruhe bekommen. Die alte Bundesstraße wurde Zone 30, der Ochsen sieht aber noch immer so aus, wie Gasthäuser an einer Landstraße aussehen. Frontal, mit großem Parkplatz, sonst eher unauffällig. Auch drinnen auf den ersten Blick kaum Anhaltspunkte, sondern ein Ambiente, wie es einem reifen deutschen Gasthaus eigen ist, inklusive zapfhahnnahem Stammtisch, der sich jeden Abend belebt. Die Bodenständigkeit, das gepflegte Understatement ist die Stärke des Ochsen, vor allem auch kulinarisch. Die Küche ist seit Jahrzehnten zuverlässig, wenn es um einige Klassiker geht, ist der Ochsen ein Exempel. Einst

So geht Kartoffelsalat – im Ochsen, Emmendingen-Wasser

empfahl mir ein Stammgast den Kartoffelsalat mit den Worten. „Er hat den seidigen Glanz frisch gekochter Kartoffeln." Den hat er bis heute. Zu den Standards des Hauses zählt eine Nudelsuppe aus geklärter Fleischbrühe, wovon auch besagter Kartoffelsalat profitiert. Er hat Referenzqualität – Feinschnitt mit Seidenglanz, ohne Zwiebelkeile, nicht zu ölig eingestellt, aber schön schlonzig wie man in Schwaben zum schmalen Grat zwischen fest und matschig sagt. Ein Kartoffelsalat zum Wiederkommen.

Selten werden Innereien, speziell Sulz so geröstet wie hier. Feinschnitt, mit einem Hauch maronenbrauner Kruste! Auch Leberle, selbst Nierle gibt es im Ochsen in den badischen Varianten sauer und geröstet in guter Qualität. Zudem auf der Karte: solide zubereitete Standards einer Landstraßenküche, die anderswo immer mehr verschwinden: Bratwürste, Gulasch, bildhübsch panierte Kalbs- oder Schweineschnitzel, Cordon bleu, auch ganze Kotelettstücke (!), natürlich auch Steaks diversen Zuschnitts. Bezeichnendes Detail: Bratkartoffeln werden sowohl klassisch, als auch in Lyoner Variante mit Zwiebeln serviert. In der Summe lebt der Ochsen also

Der Gasthof lebt – Ochsen in Wasser

von jenen Fundamenten, die anderswo nur verlottert auf den Teller kommen.

Zum Betrieb paßt die unkomplizierte Atmosphäre mit Gästen aus der Raumschaft, der selten vitale Stammtisch, ebenso wie die speditiv-freundliche Bedienung. Aus dem Hahn läuft taufrisches Bier, die bescheidene Auswahl an durchgegorenen Weinen wurde um wenige Optionen (*Dörflinger*, Müllheim) erweitert. In der Gesamtschau stimmt der Laden von innen raus. So bleibt nur ein Wunsch: Spur halten.

Gasthaus Ochsen (Fam. Limberger), 79312 Emmendingen-Wasser, Basler Str. 32, Tel. 07641-8902, ♣ Schlichter Freisitz im Innenhof, **Preise**: günstig. Geöffnet über Mittag und wieder ab 17 Uhr, RT: Mo und Di.

CHADA THAI (Krone) – Malterdingen. Idyllisch im Breisgauer Heckenland gelegen, erwartet man in Malterdingens recht ansehnlichem Ortskern manches, aber kein brauchbares Thai-Restaurant. Die Vorbehalte gegen das übliche Aufsexen von Banalküche mit Kokosmilch und etwas Currypulver sind im Chada Thai fehl am Platz. Es gibt hier keine Sensationen, aber frisch zubereitete Standards und für eine sonnige Mit-

Curry im Heckenland: Chada Thai, Malterdingen

tagspause sind die Terrassentische auf dem Gehsteig oder
hinten raus zum Innenhof allemal recht.

Der alte Fahrensmann HELGE TIMMERBERG hat über das
Thai-Lächeln einmal geschrieben, entweder sei es angeboren, oder es werde gleich nach der Geburt an den Ohren
aufgehängt. Eine gastfreundliche Grundstimmung ist dem
Malterdinger Chada Thai ebenfalls angeboren. Vom Dumpf-
deutschen ist das Lokal jedenfalls beruhigend weit entfernt.
Die wie üblich hoch fragmentierte Karte bietet Menüs und –
nicht erschrecken ! – über 150 Einzelpositionen, gegliedert in
Kategorien wie Suppen, Geflügel, Fleisch, Fisch, Vegetarisch,
dazu kommen günstige Werktags-Mittagsangebote auf einer
Extrakarte.

In der Rubrik „Thai Tapas" finden sich auch originalnahe
Positionen wie *Somm Tam*-Salat, hinzu kommen Zugeständ-
nisse mit Verlegenheitsgerichten in der Putenbrustklasse.
Egal, das Hauptprogramm überzeugt mit solider Ethnoküche.
Man erwarte in Malterdingen (ähnlich wie in der gleichna-
migen Filiale FR-Herdern) keine kulinarischen Wunder, aber

Statt Viertele – Minztee zu Curry und Reis

schon die Standards wie Zitronengrassuppe mit Garnelen und frischem Koriander liegen über dem, was einem hierzulande an Thaiküche oft zugemutet wird. Die Frühlingsrollen kommen knackig, gefüllt mit dünnen Gemüsestreifen und Glasnudeln, auch die marinierten Hähnchenspieße mit Erdnuss-Sauce sind ein brauchbarer Happen.

Zudem genießen es gerade auch Damen, hier mal auf eine Schüssel Duftreis zusammenzukommen, begleitet von einem knackigen Gemüseplättle mit Curryflash. Sonderwünsche und Zubereitungsvarianten werden realisiert, einfach mit den Leuten reden – es sind fleißige Gastgeber.

Chada Thai (Fam. Araya & Klaus Leber), 79364 Malterdingen, Hauptstraße 22, Tel. 07644-7305; chadathai.de; preiswerter Mittagstisch. ♣ Gehsteig-Terrasse, Thai-romantischer Innenhof. **Preise**: mittags günstig, abends: günstig-mittel. RT: Mo.

Wie frisch gestrichen – zwischen Brettental und Elztal

Grüner als hier oben wird es im Breisgau selten

Weite um Freiamt

Von Sexau führt die Landstraße 110 den Brettenbach aufwärts in Richtung Freiamt. Eine gemütliche Route ins große Grüne und spätestens auf Höhe der Staudenhöfe fühlt man, wie der Siedlungsdruck mit jedem Kilometer nachläßt. Weiter den Brettenbach aufwärts liegt Freiamt, eine Flächengemeinde in der Vorbergzone mit fünf weit verstreuten und grün gebetteten Ortsteilen. Freiamt heißt auch Freiland: Feldwege enden in Blumenwiesen, Nebenstraßen führen auf luftige Höhen, eingeborene Kraftfahrer grüßen sich im Begegnungsfall. Endlos grüne Strände, Platz für alle.

Grüne Matten, rote Häuser. Der Buntsandstein vom Freiämter Allmendsberg und aus dem nahen Heimbach bei Teningen, wurde über sechs Jahrhunderte von der Freiburger Münsterbauhütte verarbeitet. Das historische Baumaterial prägt aber auch die Fassaden von kleinen Höfen und Amtsgebäuden um Freiamt. Dazwischen sorgt das Freiämter Land für den heiteren Wechsel von Weiden, Streuobstwiesen und einem Brettenbach, der nicht nur idyllisch durch's Tal mäandert, sondern auch Sägegatter antreibt. In Reichenbach speist der Bach eine Forellenzucht mit Stüble (mehr auf Seite

Wald- und Wieseneinkehr – Engel im Tennenbacher Tal

178). Bach, Stüble, Landschaft – alles wirkt hier draußen etwas runtergetaktet, angenehm unaufgeregt.

Radtourenland, Autowanderland. „Große Landgemeinde – staatlich anerkannter Erholungsort", lobt der Ortsprospekt zutreffend. Die einzelnen Ortsteile liegen über die 450 Meter hoch gelegene Vorbergzone verstreut. Dazwischen Wanderwege, stadtferne Stimmung, letzte dreistellige Telefonnummern. Radtourenland, Autowanderland, Raum zum Aussteigen und Durchatmen. Ein ideales Geläuft für einen tatenlos vergeigten Nachmittag zwischen Obstwiesen und Vespertisch.

Zwischen Freiamt-*Keppenbach*, *Reichenbach* und *Sägplatz* geht es sachte höher und weiter hinein in die Freiämter Provinz, die für Stadtmüde etwas tief Beruhigendes hat. Um Reichenbach murmelt der Brettenbach wie im Bildband durch die Auen. Am schönsten im Frühling und Frühsommer, wenn die Matten in voller Pracht stehen.

Auch ein Tälchen weiter, am Tennenbach, ist es nicht anders. Von der Klosteranlage aus dem 12. Jh sind nur noch Fragmente zu sehen. Der *Engel* oben am Bach ist auch kein

Altes Handwerk – Wellenbinden

Jungspund mehr, aber noch in Gänze erhalten. Vespern und auf dem luftigen Freibalkon sitzen, auf Tennenbacher Matten schauen und nichts müssen, wäre auch mal eine Idee.

Engel, 79348 Freiamt-Tennenbach, Tel. 07641-8664; engel-tennen-bach.de; ♣ luftiger Freisitz auf der Veranda, Gästezimmer, **Preise**: günstig, RT: Do.

Günstige Ausgangspunkte: Zwischen Freiamt-Sägplatz und Brettental mäandert der Bach ansprechend durch satt-grüne Matten. Dazwischen Platz zum Durchatmen und ein ufernaher Wanderweg. Wanderwegweiser direkt am **Sägplatz** und weiter talaufwärts: **Niedertal** sowie **Sandhöfe**.

Wellen am Bach, Brot im Ofen. Das frische Grün am Ufer des Brettenbachs ist ein Traum bei Frühlingsausbruch, eine Frischhaltezone im Hochsommer. Und manchmal sieht man Bilder wie in einem älteren Heimatfilm. Einmal konnte ich einer Fau beim Wellenbinden zusehen. Bitte zurückspulen: Wann und wo sieht man noch Landfrauen beim Wellenbin-den? Antwort: Im April am Bachufer zwischen Freiamt Säg-platz und Freiamt Brettental. Und warum soll der Mensch Wellen binden? Damit er Brot backen kann.

Einkehr am Teich – Forellenstüble in Reichenbach

FORELLENSTÜBLE – Reichenbach. Am Rand von Reichenbach fließt der Brettenbach in die Teichanlage einer Forellenzucht; und zum Glück liegt die passende Einkehr gleich daneben – ein kürzerer Weg vom Teich auf den Teller ist kaum möglich. Das 1970 geborene Forellenstüble ist klein und winklig, es hat Tradition und blieb über alle Jahre ein Stüble: heimelig und einfach möbliert, niedere Decke, gerade mal 40 Plätze, draußen nur ein paar Tische, aber alles wirkt hier stimmig. Die kleine Karte auch. Wo bitte gibt es teichnah servierte Regenbogenforellen in den verschieden Kalibern von 250 bis 550 Gramm, zubereitet klassisch blau, im weinsauren Sud oder eben als Müllerin, serviert mit Holzofenbrot und „ausgelassener Landbutter". Als Beilage Kartoffeln, die wahlweise gesalzen oder gebraten werden, sowie frischen Blattsalat, der zum Set paßt. Auf der Karte auch frisch geräucherte Regenbogenforellen, sowie Fläde- und Leberspätzlesuppe. Selbst Schuld, wer hier Alibi-Schnitzel bestellt.

Forellenstüble (Fam. Böcherer), 79348 Freiamt-Reichenbach, Tel. 07645-345; forellenstueble.de, Küche über Mittag und abends bis 21 Uhr, ♣ Kleine Freiterrasse, **Preise**: günstig (möglichst reservieren!). RT: Mo, Di.

Die heile Welt im Brettental – Wandfresko an Traudels Café

Freiamt – Brettental. 50 Quadratkilometer misst die Gemarkungsfläche der 4.200-Einwohner-Gemeinde Freiamt. Freiburg hat für fünfhundert mal so viele Einwohner nur dreimal soviel Platz. Freiamt hat Wald und Land, aber es liegt nicht hinterm Wald. Es gibt sogar überraschend vitale Ecken. Seit Menschengedenken gehört der Vesper- und Kuchenmagnet *Traudels Café* in Brettental zu den Wallfahrtszielen von Gästen, die es mit dem Body-Mass-Index nicht so genau nehmen. Das Haus verspricht ein „täglich großes Angebot an gebackenen Kuchen und Sahnetorten. Alle hausgemacht." Schon die Bauhöhe der mehrstöckig konstruierten Schwarzwälder ist beeindruckend, aber nicht nur das: Kraftvespern ginge hier auch, von Schinkenteller bis Wurstsalat. Nach einer Tour im weiten Grün um Freiamt wäre hier ein Platz zum volltanken.

Traudels Café, 79348 Freiamt-Brettental, Tel. 07645-1680; traudelscafe. de; ♣ Mit einer geschützten Freiterrasse vor der Hausfront. RT: Do (nicht im Sommer).

Reinluftraum – am Hohe Eck

Aus dem Brettental – bei der Ludinmühle – führt die schmale Bildsteinstraße malerisch am Brettenbach lang aufwärts. Es geht über den Weiler *Bildstein* zum *Hohe Eck;* mit dem Auto bis zum Wanderparkplatz Bildstein sind es ab Brettental 3,5 Kilometer. Wieder so eine Route ins frische Abseits: dichter Tann im Wechsel mit Wiesen, die nach einem Sommerregen wie frisch gestrichen leuchten. Oben auf dem stillen Kamm, zwischen Brettental und Elztal, dann keine großen Ziele, aber weiter Auslauf für Freigeister.

 Günstiger Ausgangspunkt: Wanderparkplatz **Bildstein/ Hohe Eck** (am Kandelhöhenweg, 3,5 km Auffahrt ab Brettental. Nebenstraßen erschließen die einsamen Höhenzüge zwischen Brettental und Elztal. Dazu gehört auch die wunderschöne Kammstrecke vom Schillinger Berg nach Süden: über die Wanderwegweiser **Eckleberg**, **Tännlebühl** bis rüber nach Schwarzenberg und weiter bis zum **Gscheid** (Einkehr, vgl. Seite gegenüber). Die mächtigen Windmühlen auf dem Kamm nerven zwar die Anwohner mit ihrem Gewummer, sattgrüner als hier oben wird's im Mai-Juni aber nirgendwo im Breisgau. Selten kreuzt ein Schlepper, nichts außer Natur und dem Wumm der Mühlen – auch Zappelstrom macht Mist. Abseits davon eine Gegend, in der man sich verlieren kann, was Sinn der Übung wäre. Eine grüne Spielwiese für einen Sommertag ohne Programm.

Schweinern's in der Sommerfrische – Gscheid bei Freiamt

Bei Freiamt-Keppenbach: Eine urige Einkehr liegt auf der Paßhöhe Gscheid, an der Kreisstraße, die von Keppenbach rüber ins Elztal nach Gutach führt.

ZUM GSCHEID: Nahrhafte Schnitzelbank und Vespereinkehr im aufrichtig-ländlichen Stil, zugleich eine der raren Rustikaleinkehren, die einfach nicht mit primitiv verwechseln. Man achte besonders auf die Schnitzelkultur (von Schwein und Kalb), auf die saisonalen Schlachtplatten-Extras, aber auch Wurstsalat, Bratwurst, Brägele und Bibiliskäs' gelingen trefflich. Zum schier überlaufenen Ziel wird der Gasthof im Sommer vor allem wegen seiner Freiterrasse. Das umzäunte Gärtle liegt zwar nah an der Straße, aber doch apart und luftig. Die Lage an der Paßhöhe zwischen Freiamt und Bleibach/ Gutach im Elztal läßt den Platz zum beliebten Tourenstop auf Oldtimer- und MTB-Safaris werden.

Zum Gscheid, 79348 Freiamt, Gescheidstraße 16, Tel. 07645-335, im Herbst Schlachtplatten-Termine. ♣ Luftig, schattiger Wirtsgarten an der Paßhöhe auf 454 m (auch eine günstige Tourenetappe, bzw. ein Ausgangspunkt). **Preise**: günstig. RT: Mo, sonst ab 14 Uhr, Sonntag ab 11.30 Uhr.

Tortentreff – Caféduft, Freiamt-Ottoschwanden

Freiamt-Ottoschwanden: Auch um Ottoschwanden das typische Freiämter Bild – Weideland unter weitem Himmel, alte Obstwiesen, junge Baugebiete. Ein paar Minuten vom Rheintal entfernt, glaubt man in einer anderen Welt zu sein. Damen der Freiämter Gesellschaft gönnen sich am Sonntagmittag im *Caféduft* auch mal ein Piccolo und manches wirkt, als könnte eine neue Staffel der Schwarzwaldklinik gedreht werden.

An Sonntagen kommt es hier zu regelrechten Kuchenwallfahrten. Das Sattessen mit XL-Kuchen wird ja selten mit solcher Leidenschaft betrieben wie hierzulande; die AOK bietet dann die passenden Kompensationsprogramme an. Eine Kuchentour nach Freiamt ist nichts für Freunde der subtilen Confisérie, aber eine volkskundliche Exkursion. Neben der Traditionsadresse *Traudels Café* gäbe es am Ortsrand von Ottoschwanden eine besondere Einkehr:

Caféduft in Freiamt-Ottoschwanden: Nah beim Kurhaus ein Neubau in Aussichtslage mit Panoramaverglasung und Sommerterrasse. Beachtlich die große sowie in der Tat hausgemachte Kuchenauswahl ohne Truhen- und Fertigprodukte. Die XL-Kuchenstücke können auch als halbe Portion bestellt werden, dazu kommt eine kleine Vesperkarte mit Flammkuchen, Salaten etc. Freundlicher Service und luftig-sommerfrische Atmosphäre.

Reinrassiger Landgasthof: Krone in Freiamt-Mußbach

Die Adresse hat sich als Ausflugstreff etabliert, mit ♣ ansprechender Terrasse. Caféduft (Brigitte Mach), 79348 Ottoschwanden, Am Herrwald 2, Tel. 07645-8772. Mi bis Fr von 14-19 Uhr, Sa 13-19, So 9-21 Uhr (Frühstücksbuffet, reservieren), RT: Mo und Di.

Freitag Freiämter Bauernmarkt mit Produkten von Höfen der Region, 15-18 Uhr (im Winter bis 17 Uhr), Heimatmuseum im Freihof; Bauerncafé mit selbstgebackenen Kuchen geöffnet. Gute, regionale Angebote.

Das Thema Freiamt, die Ortsteile und seine Einkehren wäre nicht komplett ohne die *Krone* in Mußbach. Kuchen und Vespern geht auch anderswo im Freiämter Land, einen so gepflegten Landgasthof gibt es aber nur einmal:

KRONE – Freiamt-Mußbach. Auf den ersten Blick liegt die Krone wie ein proper renoviertes Dorfgasthaus an der einzigen Kreuzung von Mußbach. Man geht die rund gelaufenen Sandstein-Stufen hoch und freut sich über einen gepflegten Gastraum ohne Piepskasse, Salatbuffet und streberhafter Landhausdeko. Die Karte kommt und die Freude hält an: ein übersichtliches Angebot regionaler, saisonnaher Gerichte, darunter auch Lamm, Wild und Wildgeflügel zur rechten

Kulinarisches Kammerspiel – Krone, Freiamt-Mußbach

Zeit (also nicht immer). Die fulminanten Gansessen im Spätherbst haben sich zum Ritual entwickelt wie das Osterlamm, im Winter kommt eine Schlachtplatte dazu, die Normen im Südwesten setzt. Seltene Sorgfalt auch bei den einfacheren Vesper-Angeboten.

Was aus Manfred Kerns Küche kommt, ist das, was der abgeklärte Feinschmecker sucht, aber selten bekommt: mit Sorgfalt zubereitete Gerichte ohne Heckmäck. Tiefgründige Saucen, frisches Gemüse mit Aroma. Exakte Küche ohne Prahlerei. Und noch was: all jene Hochwürden, die meinen, sie könnten regionale Spezialitäten einfach so aus dem Ärmel schütteln, sollen in der Krone mal die Brägele probieren. Und dann nochmal üben.

Das kulinarische Kammerspiel vollbringt *Manfred Kern*, seine Frau *Silvia* organisiert den selbstbewußten Service, eine vertraute Belegschaft hilft im Küchen-Hintergrund. Ein Familienbetrieb also, wobei der Service bei Andrang mitunter an Grenzen stößt, etwas Toleranz bei Hochbetrieb sollten Sie

Hier brägelt der Chef – Manfred Kern, Krone Freiamt-Mußbach

deshalb ebenso mitbringen wie die Einsicht, daß kleine Wunder manchmal etwas dauern können. Die Krone sei zudem allen zum Betriebsausflug empfohlen, die behaupten, eine besser-bürgerliche Küche in der Provinz rentiere sich nicht.

Zur Küchenleistung paßt die selten umfangreiche, in einigen Positionen erstklassige Weinkarte. Wie die Speisen, sind auch die Weine mit Augenmaß kalkuliert. Daß dieser Text seit Jahren praktisch unverändert steht, ist vielleicht das schönste Kompliment an einen Betrieb, der seinesgleichen sucht. Nicht nur im Norden Freiburgs.

Gasthof Krone (Familie Kern), 79348 Freiamt-Mußbach. Tel. 07645-227; krone-freiamt.de. Zur Saison Sondergerichte (Gans, Fasan, Schlachtplatte, Lamm, im Februar: Hummerwochen). Mit neun komfortablen und preiswerten Gästezimmern – ein opulentes Landfrühstück gehört dazu. Großer Nebenraum, ♣ die Südwestterrasse ist im Sommer einen Umweg wert. **Preise**: günstig-mittel. Werktags ab 17 Uhr, Sa, So und Feiertage auch über Mittag und wieder ab 17.30 Uhr. RT: Mi.

Letzte Tankstelle vor dem Hünersedel – Bergkiosk Wandertreff

Richtung Hünersedel: Ein Ziel, das zur entspannten Gondelei über die Höhenzüge zwischen Freiämter Land und Elztal einlädt, wäre der Wanderparkplatz am Ende der Hünersedelstraße (bei den Dürrhöfen, ein Kilometer vom Aussichtsturm auf dem Hünersedel). Der Dürrhöfe-Parkplatz liegt auf der Paßhöhe zum Schuttertal, gleich daneben der kleine, urige Bergkiosk Wandertreff.

 Günstiger Ausgangspunkt: Zum Wanderparkplatz Dürrhöfe (712 m) fährt man von Freiamt-Brettental gut 4 km und 250 Höhenmeter talaufwärts über die Einzelhöfe bei Waldshut. Eine ansprechende, landschaftsnahe Strecke auch mit dem Rad. Oben am Wegkreuz beim Kiosk Wandertreff erschließen sich dann zahlreiche Tourenmöglichkeiten, bis auf die Elztäler Seite: Durchfahrt in Richtung **Wanderheim, Kreuzmoos, Bäreneckle** mit KFZ möglich. Weitere Wanderparkplätze am **Kreuzmoos** (NSG) oder Bäreneckle (jeweils mit Einkehr). Distanzen ab Wegweiser Wandertreff/Dürrhöfe: Hünersedel 1,0 km; Kreuzmoos 1,6; Bäreneckle 3,5 km.

Eine erste Etappe – mit schönem Blick und ansprechender Gastronomie – wäre schon ein paar Kurven vor dem Höhenparkplatz bei den Dürrhöfen möglich:

Grüner wird's nicht – zwischen Freiamt-Brettental und Elztal

CAFÉ LUEGEMOL – bei Freiamt. Frei am Hang auf 700 Metern Höhe eine freundliche Wochenend-Kaffee- und Vesperstube mit hervorragender Aussichtsterrasse. Wer am richtigen Tisch sitzt, schaut von hier westwärts bis zum Kaiserstuhl, auf den Hünersedel (745 m) sind es nur zehn Minuten zu Fuß. Es gibt Vesper mit frischem Holzofenbrot und hausgemachtem Kartoffelsalat, gute eigene Kuchen, auch frische Waffeln. Luftig möblierte Stube ohne Hüttendumpf, ebenso ausgeschlafen wirkt der Service.

Café Luegemol (Sieglinde Obrecht), oberhalb 79348 Freiamt-Brettental, Hünersedelstraße 9, an der Auffahrt zum Hünersedel-Wanderparkplatz. Tel. 07645-91 61 28; Termine-Details: luegemol-freiamt.de. ♣ große Aussichtsterrasse nach Südwesten. Geöffnet: Sa, So und Feiertage ab 11 Uhr, Sonntags auch Frühstücksbuffet.

Bergkiosk Wandertreff beim Wanderparkplatz Dürrhöfe (Weg zum Hünersedel 1 km). Gegen Wetter schützt ein hüttenähnlicher Anbau, Brauereigarnituren auf Gras, würzige Bergluft ringsum, hausgemachte Suppen und Vesper. Hünersedelstraße 11, bei 79348 Freiamt. An Wochenenden immer offen, weitere Öffnungszeiten: Tel. 07645-917 46 60.

Sonntagsstimmung anno 1830

Gelassen schaut der Münsterturm
auf eine wohl geratene Kleinstadt.

Freiburger Wunder

Johann Martin Morats *Ansicht Freiburgs vom Jägerhäusle aus* entstand um 1830. Der Blick des Malers zeigt eine Idylle im Stil des Biedermeier. Die Sonnhalden des Rebbauerndorfes Herdern waren damals noch nicht bebaut. Gelassen schaut der Münsterturm auf eine wohl geratene Kleinstadt mit 14.000 Einwohnern. Seither ist einiges geschehen, mal wundervoll und staunenswert, mal eher wunderlich.

Brägeln heißt gemütlich braten

*Brägele sind eine Kulturform der Bratkartoffel,
dünner und subtiler als ihre ordinäre Verwandtschaft.*

Brägele

Aus etwas Einfachem das Beste machen. Alle reden davon, wenige können es. Brägele sind ein Zeichen für handwerkliche Sorgfalt in der Küche, auch Unvermögen zeigen sie zuverlässig an. Wie Kartoffelsalat, Fleischbrühe, Tischbrot.

Brägele sind typisch badisch, sie brauchen zum Gelingen etwas Zeit. Am Vortag gekochte, festkochende Kartoffeln schälen, in möglichst dünne (!) Scheibchen hobeln oder Stifte reiben, was Brägele in Richtung der Schweizer Rösti rückt. Wichtig ist eine große Pfanne, die kein Spülmittel gesehen hat und nach dem Brägeln nur ausgerieben wird. Ob beschichtet, emailliert oder blankes Eisen ist sekundär. Brägeln heißt nicht scharf anbraten, aber auch nicht sanft ziehen lassen. Beim Brägeln finden Pfanne, Hitze und Kartoffeln zueinander. Butterfett mäßig heiß werden lassen, manche schwören auch auf Schmalz von Schwein oder Gans, was Tiefe (und Schwere) gibt. Häufiger Fehler: zu viel Kartoffeln in zu kleiner Pfanne, also zu wenig Röstaromen.

Wer viel Kruste möchte, bringt maximal einen Zentimeter Kartoffeln in die Pfanne und drückt mit einem Spatel etwas an. Erst eine Seite mehr als goldgelb fertig brägeln, dann die gesamte Fuhre in einem Rutsch wenden (am einfachsten durch Stürzen auf einen Teller), dann die andere Seite fertig brägeln. Nichts herumjagen. Keine Zwiebeln, kein Speck! Kartoffeln, Kruste, Röstaromen. Sonst Nichts.

Referenzadressen: Hirschen, Merzhausen, vgl. S. 21. Rebstock, Scherzingen, S. 128. Krone, Freiamt-Mußbach, S. 183.

Neuer Markt, alles glänzt

*Wenn die Sonne kommt über dem Schloßberg aufgeht,
glänzt das feuchte Pflaster wie Bronze.*

Münstermarkt am Morgen

Anfang September erscheint die Sonne erst etwas später über dem Schloßberg, zwischen acht und neun ist es aber soweit. Das taufeuchte Pflaster glänzt wie Bronze, alle Marktleute sind da, aber kaum Besucher. Es duftet nach Erntedank, in Sonnenblumen, Dahlien- und Löwenmaulbündeln steckt ein ganzer Sommer, in den Kisten mit Weinbergpfirsichen auch – der Münstermarkt entwickelt seine volle Pracht im Spätsommer. Die Marktleute richten Waren und Preisschilder, im Kartell kommt es vereinzelt zu Absprachen: „Zwetschge heut' zweifuffzig, oder?"

Polizeibeamte und Hausfrauen: So gegen neun fährt die Schutzpolizei am Kornhaus vor. Zwei Beamte steigen aus, gehen zu Meiers Wurststand und nehmen die Sammelbestellung fürs Revier in zwei Tragetüten entgegen. Schichtwechsel, alles wie gehabt. Am Morgen kommen die Wie-immer-Kunden. Die mit dem Streifenwagen, die von der Stadtreinigung mit den langen Besen und den kräftig tätowierten Armen. Beamte mit der Aktentasche und Hausfrauen mit Vornamen. „Hilde, was bruchsch?"

Später kommen alle anderen und so ab 11 Uhr sind auch die Smartphone-Besucher da, in der freien Hand halten sie ein Schälchen Beerenmix oder eine Portion Obstsalat togo.

Der ganze Sommer in einem Strauß – auf dem Münstermarkt.

Und dann, zwei, drei Stunden später ist der Markt rum. Es ist banal, aber es ist wichtig: der Freiburger Münstermarkt ist immer schön. Seine beste Zeit hat er aber in der Früh, vor Erscheinen der Becher mit dem Beerenmix.

Manchmal sitzt ein Paar, das die Nacht durchgemacht hat, auf der Brüstung des Fischbrunnens vor dem Breuninger. Im schönsten Fall sagen beide nichts und schauen einfach zu, wie ein Markt erwacht und auflebt. Und vielleicht ahnen die beiden, daß es mit ihnen so ähnlich gehen könnte. Im Fall der Fälle.

Waldheidelbeeren, Steinofenbrot, Pecorino: Der Münstermarkt hat viel zu bieten (am meisten von Mittwoch bis Samstag), zu ein paar Ständen zieht es mich aber immer wieder. Manchmal ist es das Produkt, manchmal ist es das Mütterle hinter der Kasse, oder der Mann am Messer. Eine kleine Auswahl, auch hier gilt, wie überall im Buch Egon Friedells Motto: Möglichste Unvollständigkeit war angestrebt. Auf der Nordseite, dem **Erzeugermarkt:**

Christian Wisser (Gschwanderhof, Glottertal). Hervorragendes Steinofenbrot. Große zwei Kilo Laibe aus dem Holzofen, mit Roggenanteil, also dunkler als ein klassisch Halbweißes, gut durchgebacken, mit Kruste, lange haltbar, ein ideales Vesperbrot zu Landbutter und Apfel,

Sommer in der Schale – Heidelbeeren bei Bernhard Brüderle

gut durchwachsenem Speck und Dosenwurst, die es ebenfalls am Stand gibt. Außerdem zeigt Wisser das weise Lächeln eines Landbewohners, freilich nur, wenn ihm danach ist. Fr und Sa, auf Höhe der Stadtbibliothek.

An fünf Wochentagen steht **Bernhard Brüderle** mit seiner Interpretation eines Foodtrucks direkt vor der Stadtbibliothek, stets mit Hut. Brüderle ist Obstbauer im Ortenauer Renchtal, er kultiviert dort ein breites Sortiment an Beeren, Stein- und Kernobst. Sein Angebot reicht von den ersten Erdbeeren bis weit in den Herbst. Manchmal steht Brüderle noch im Dezember auf dem Markt, mit Renchtäler Haselnüssen und sieben Birnensorten; darunter auch Spezialitäten wie Boscs Flaschenbirne. Wenn Bernhard Brüderle auf dem Münstermarkt steht, Sorten erklärt und mit dem Langmut des Landwirtes schwierige Kunden und Freiburger Befindlichkeiten weglächelt, sieht man einen geerdeten Menschen. Einen, der in seinen Früchten aufgeht und sie in ihm.

Brüderle ist zudem ein Gegenentwurf zu hyperaktiven Pop-up-Gastronomen und wirtenden Seelsorgern, die mit immer höherer Drehzahl durch die kulinarische Gemeinde getrieben werden. Selbst Straußenwirte haben die umsatztreibende Funktion des Storytellings entdeckt. Auch deshalb gehören Leute wie Brüderle zu meinen Helden des Alltags. Anders als radikalisierte Tofu-Prediger machen sie einfach ihre Arbeit. Außerdem heißen Naschbeeren bei Brüderle immer noch Himbeeren, Stachelbeeren, Kulturheidelbeeren oder Waldheidelbeeren.

Italienische Käse aus erster Hand – Zio Gino auf dem Münstermarkt

Bei **Zio Gino** (Luigi Turri) gibt es nicht von allem etwas, sondern eine qualitative Auswahl an italienischem Weich- und Hartkäse, dazu meist noch zwei, drei Sorten frische Pasta, auch die hervorragende Hartweizenpasta von „Setaro". Ein Direktimport aus Luigis Heimatort Torre Annunziata, „Trafila in bronzo" und dann getrocknet zwischen 24 und 120 Stunden je nach Form. Außerdem getrocknete Tomaten, sowie in Salz konservierte Kapern von Lipari. Vor allem aber eine Haltung zum Produkt: Luigi Turri veredelt nicht banale Großhändlerware mit galanten Sprüchen aus Bella Italia, sondern er ordert bei ausgesuchten Käsereien und Produzenten, die er kennt und schätzt. Weil probieren über studieren geht, ist eine Kostprobe beim Standbesuch obligatorisch. Wobei die Zahl von Stammkunden für sich spricht, allein die Auswahl an Pecorino (fresco, semistagionato und stagionato) wäre einen kleinen Umweg wert. Noch nie habe ich hier banalen Mozarella oder Taleggio bekommen; auch der lange gereifte Parmesan hat Klasse. Gutes Sortiment, guter Mann, Mittwoch bis Samstag, Münsterplatz Südseite (Händlerseite), untere Hälfte, gegenüber der Domsingschule.

Nebeneffekt: wer alle drei oben genannten Stände besucht, geht praktisch einmal über den ganzen Markt und sieht dabei alle anderen Angebote. Auch den guten **Pilzstand** mit eigener Zucht nahe dem Hauptportal (schlossbergpilze.de), die wunderbare Kaiserstühler Tomatenvielfalt im Hochsommer, die mittlerweile das Angebot auf manchem

Länge läuft – Besucherin auf dem Wiehremarkt

Markt südlich der Alpen übertrifft, den **Allgäuer Käsestand** des Affineurs Thomas Breckle (Do bis Sa., Erzeugerseite), Stefans schier kultisch verehrte **Käsekuchen**, die mir persönlich aber zu sahnig sind und so weiter und so fort. Oben auf der Südseite, oberhalb vom historischen Kaufhaus, am Eck zur Buttergasse entdeckt man dann auch noch den reizenden **Honigladen**, eine Filiale der Honiggalerie in der Fischerau.

Freiburger Münstermarkt, Mo bis Fr 7.30 bis 13.30 Uhr, Sa bis 14 Uhr. Größtes Angebot von Do bis Sa; muenstermarkt.freiburg.de.

Weitere Wochenmärkte (Auswahl)

Wiehremarkt: am alten Wiehre Bahnhof, Mi 14 bis 18.30 Uhr, Sa 8 bis 13 Uhr. Qualitativ sehr gutes Angebot, viele Bio-Anbieter, ein umlagerter Verkaufswagen des Statement-Metzgers Markus Dirr aus Endingen (vgl. nächste Seite).

In der Summe eine atmosphärisch dichte Veranstaltung mit hohem Anteil an Gesten und Uniformen der Bewegung. Kleine Kaffeestube am Marktplatz, bewirtete Südterrasse vor dem Gasthaus **Omas Küche**, gleich gegenüber. Kombiniert mit der Einkehr wird der Markteinkauf in der Wiehre leicht zu einer kulinarisch-volkskundlichen Exkursion, wie unter dem Stichwort Wiehre-Mitte andernortes erläutert.

Ein Stück Lebenskraft – Meister Dirr auf dem Wiehremarkt

MARKUS DIRR: Über die Produkte der Endinger Fleischerei & Wursterei Dirr muß man Besuchern des Freiburger Wiehre-marktes nichts erzählen. Seine in der eigenen Klimakammer gereiften Schinken- und Salamispezialitäten sind Delikatessen – Meister Dirr spricht selbstbewußt von Kaiserstühler, nicht etwa von Schwarzwälder Schinken. Hohe Qualität auch beim gekochten Hinterschinken nach alter Manier, sowie bei der Lyoner à la Lyon, dito bei Maultaschen, Blut- und Leberwurst, toskanischer Bratwurst, heller, nackter Kalbsbratwurst (ideale Basis für Home-made-Currywurst, Sauce dazu hat er auch, ebenso wie im Weckglas eingemachte Fonds, Braten und Rouladen). Die kapitalen Kalbskoteletts an der langen Rippe sprechen für sich. Dann wäre da noch das trocken gereifte Rindfleisch, als Extra nicht zu vergessen der feinsinnige Humor eines souveränen Metzgermeisters, der Kunden und Patienten bestens kennt. Einfach mal in die Schlange einreihen, Appetit entwickeln und nach Lust und Laune einkaufen. Wenn alle so wären wie Markus Dirr, hätte das deutsche Fleischerhandwerk goldene Zukunft.

Metzgerei Dirr, Mittwoch ab 14 Uhr und Samstagvormittag auf dem

Das Stüble zum Markt – La Spelta in Herdern

Wiehremarkt. Di und Fr in Herdern. Stammgeschäft und Produktion in Endingen am Kaiserstuhl.

Herdern: Erzeugermarkt am Herdermer Kirchplatz. Idyllisch in Alt-Herdern – klein, aber fein. Di 16-19, Fr 14-18 Uhr (mit dem Stand des Breisgauer Metzgers Dirr aus Endingen).

Stühlinger: unter der Stadtbahnbrücke, Sa 8-13 Uhr. Breit und sehr gut sortierter Markt in zentraler Lage am Hauptbahnhof, auch viele Öko-Anbieter, u.v.a. gutes Gemüse von Binder, Forchheim.

Littenweiler: Bürgersaal/Ebneter Weg, Sa 8-13 Uhr.

Landwasser: Platz der Begegnung, Mi 7-13, Sa 7-13.30 Uhr.

Weingarten: Platz beim Einkaufszentrum, Mi und Sa 8-13 Uhr.

Vauban: Alfred-Döblin-Platz, Mittwochnachmittag.

Zähringen: Platz der Zähringer, Mi und Sa 8-13 Uhr.

St. Georgen: Bozener Straße/St. Peter und Paul, Sa 8-13 Uhr. Kleiner Erzeugermarkt Mi und Sa Innsbruckerstraße.

Rieselfeld: Maria-von-Rudloff-Platz, Sa 8-13 Uhr.

Die meisten Stadtteilmärkte haben eigene Webseiten, dort aktuelle Infos zu Ständen, Zeiten etc. Übersicht der Märkte auf der offiziellen Webseite der Stadt Freiburg: Ausflüge und Aktivitäten/Shopping.

Freiburger Grundnahrungsmittel

Unter Traditionalisten ist die
35 Zentimeter lange Bockwurst das Referenzmodell

Lang, heiß, rot

Die Lange Rote vom Münsterplatz gehört zu den Freiburger Grundnahrungsmitteln. Unter Traditionalisten gilt die 35 Zentimeter lange Bockwurst als Referenzmodell. Ob in Fett gebraten aus der Wanne oder knackig vom Rost, ist persönlicher Vorliebe geschuldet; beim Service gibt es hingegen wenig Spielraum. Die Frage: „Mit oder ohne (Zwiebeln)?" ist so obligatorisch wie das knappe Butterbrotkarree, in dem die Wurstsemmel überreicht wird. Stammkunden sagen außerdem, ob die Wurst einfach ins Brötchen geklemmt werden soll, oder einmal geknickt und doppelt gelegt.

Seit Jahrzehnten wird die Szene auf dem Münsterplatz von Bratwurstdynastien geprägt, die in der Früh ihre ambulanten Wagen in Stellung bringen. Die „Rote" ist freilich nur dann ein Original, wenn sie am Vormittag genossen wird. Nach dem Münstermarkt kommen zwar neue Wurstwagen auf den Platz, aber die Atmosphäre entspricht am Nachmittag nicht im Ansatz der vom Vormittag.

Jüngst sorgte eine von der EU erzwungene Neuausschreibung der Konzessionen für Ärger. Die Stadtverwaltung wollte die Gelegenheit nutzen, um das Imbissangebot mehr in Richtung veganer Maultaschen zu rücken. Die Kündigung der Traditionsstände Hauber und Uhl empörte jedoch Stammkunden und andere Anbieter, was zu einem Verzicht der veganen Nachrücker führte.

Bei allem Respekt vor neuen Ernährungsgeboten, man muß nicht jeder Heilslehre huldigen. Der Marktfrieden ist ein hohes Gut, gerade auf dem Münsterplatz.

Im Paradies bist du immer ein Gast

Filzblumenmädchen auf dem Münsterplatz

Integration

Zuwanderer aus anderen Landesteilen sollten in Freiburg einige Regeln beachten, um unfallfrei über erste Einladungen zu kommen. Im Grunde ist es im Breisgau wie in der Schweiz: im Paradies bist Du immer ein Gast. Deshalb:

- Keine Dialektversuche, kein Anwanzen, keine Ratschläge. Untiefen der new Green- und old Dopingcity umschiffen.

- Bitte keine kulinarischen Ratschläge. Freiburger sind geborene Feinschmecker, daheim und im Rest der Welt.

- Vorsicht, Feind hört mit. Bei Berufungskommissionen, Kulturkreisen, Kita-Plätzen, Freikarten für den SC-Freiburg gilt: Im Leben trifft man sich zweimal, in Freiburg jede Woche.

- Respekt vor Dogmen. Geschlechtersensibilität frommt ebenso wie Affinität zu Randgruppen. Gegen alleinerziehende Doppelnamen kannst Du im Breisgau nicht gewinnen.

- „Wer im Alltag Jogginghosen trägt, hat die Kontrolle über sein Leben verloren." Karl Lagerfeld mag recht haben, an der Dreisam hat er aber nichts zu sagen.

- Schließlich: zu den Breisgauer Lichtgestalten zählen der Oberbürgermeister, genannt DER DIETER, sowie der Fußball-Lehrer und Dialekt-Performer Christian Streich. Egal, was er sagt oder wozu er gerade nichts sagt, DER CHRISTIAN hat immer recht. Aber, siehe oben, niemals nachmachen.

Augenblick verweile doch!

Freiburg, Blicke – vor der Universitätsbibliothek

Eleganzverbot

Zum Freiburger Stadtbild gehört der bergfest angezogene Mitbürger. Auf den Boulevards der Schwarzwaldmetropole wird gerne im Freizeitlook flaniert, eine wichtige Grundregel lautet deshalb: Zum Wandern im Schwarzwald läßt sich etwa dasselbe tragen wie in der Stadt, ein winddichtes Designerteil von Jack Wolfskin geht immer.

Abwärtskompatible Kleidung. Evangelische Akademien, Mensen und Solidaritätskreise sind kein Laufsteg. Andererseits müßte selbst Wohnhosenträgern auffallen, daß einige, der in Freiburg Schutz Suchenden mehr Stilbewußtsein an den Tag legen als ihre Integrationsmanager. Auch Zugezogene ohne Asylstatus merken bald, daß abwärtskompatible Kleidung die Integration im Freiburger Kulturkreis erleichtert.

Mit *Schiemann* in der Konviktstraße gibt es exakt noch einen klassischen Herrenausstatter in der Stadt. Im Zentrum der städtischen Diaspora fertigt *Benedikt Flügel* Maßkonfektion für Herren; Maßschuhwerk gibt es bei *Patrick Frei* im Gewerbehof im Stühlinger, sorgfältige Reparatur beim Schuhmachermeister *Ronny Fahrenz* in der Habsburgerstraße.

Der 4. Stock im *Modehaus Kaiser* bietet Versuchung und Erlösung auf einer Etage – allen Damen, die sich und anderen Freude bereiten wollen. Der große Rest mag an einen Satz von Jean Paul (1758-1825) denken, der alle Guten entlastet, die sich weniger gut kleiden: „Das Couvert darf schlechter als der Brief sein; so entschuldige ich mich, wenn mein Kleid nicht so fein ist wie ich."

Nächster Halt Baden-Baden

In Freiburg gibt es kein Kaffeehaus,
das klassischen Vorbildern gleicht.

Kaffeehaus gesucht

Ein klassisches Kaffeehaus muß in Freiburg niemand lange suchen, es gibt keines. Und schon gar keine Adresse, die der Alt-Wiener Institution nahe käme. Also keine Kipfel, keine abgeklärten Kellner, keine frisch duftenden Zeitungen, eher WLAN oder auch mal ein Lesezirkel von letzter Woche.

Nachfolgend leider nur Randbemerkungen zu einem Mangel, der für eine kleine Großstadt mit 230.000 Einwohnern einigermaßen erstaunlich ist. Man fragt sich manchmal schon, ob Esprit und Universität nur noch auf dem Mountainbike sitzen. Andererseits gilt: jede Stadt bekommt die Cafés (und Bars), die sie verdient. Tröstlich: wer an einem Tag das Colombi Tagescafé *und* das Café bei der Buchhandlung Jos Fritz besucht, erfährt mehr über die soziale Spannweite der Stadt als auf mancher offiziellen Veranstaltung.

Confiserie & Kaffeehaus Gmeiner, Freiburg. Gmeiner ist ein Begriff in Südbaden; das von Gmeiner bespielte **Café König** in Baden-Baden gilt als Institution. Die in Appenweier zentral produzierten Confiserie-Produkte haben Klasse und entsprechende Preise. So weit, so gut. Nur ist es in der Freiburger Filiale bis heute nicht gelungen, Service und Atmosphäre dem Niveau der Produkte anzugleichen. Das Personal müht sich redlich, Überblick und Ruhe zu bewahren. Wartezeiten im Café und ein verstörendes Hin und Her an den Theken gehören aber ebenso dazu wie zwingeng gestellte Tische parterre und Küchenakkustik im 1. Stock. Der Anblick der Pretiosen harmoniert nicht so recht mit dem etwas holprigen Lauf des Betriebssystems. Meine Optionen:

Die besten Florentiner der Stadt – bei Gmeiner

Beschränkung auf Nebenzeiten oder etwas mitnehmen, was sich lohnt: Die Jumbo-Florentiner Gmeiners haben Referenzqualität, ebenso manches andere Teil der Zuckerbäckerei. Teegebäck und die kleinen, feinen Schinkenhörnchen sind ein altmodisches Fingerfood, auch die Quiches sind gelungen. Summe: Man lasse sich verführen und beachte die Eigenheiten des Hauses. Confiserie Gmeiner, Kaiser-Josef-Straße 243, Ecke Gerberau.

Museumscafé. „Coffee to stay" heißt der bezeichnende Slogan zum kleinen und charmant untrendigen Museumscafé gleich rechts vom Haupteingang des Museums für Neue Kunst. Keine Muss-Adresse, aber eine aparte Insel an einem der schöneren Ränder der Altstadt, betreut von Herrn Heidinger, der dem stillen Angebot Gesicht und Würde gibt: Bücher und Zeitungen, kräftiger Kaffee aus einer Faema, Platz unter der hohen Gewölbedecke, kleine Kuchenauswahl und ein Faksimile von Emil Nolde, der Heidingers Mutter einst um „Violett echt" bat. Di bis Sa von 10 bis 17 Uhr, Plätze im Freien, Altstadt, Marienstr. 10a.

Caféterrasse vor dem Colombi Hotel. Das System Colombi wird andernorts Ort gestreift (vgl. S. 211), deshalb bleibt es hier bei einem kurzen Hinweis: das Colombi-Tagescafé Graf Anton mag alles sein, aber kein Kaffeehaus; draußen unter den Kastanien eher eine Lounge für Privatiers, die eng möblierten Innenräume können mit der Freiterrasse nicht mithalten. Wer draußen den Tag an sich vorüberziehen läßt,

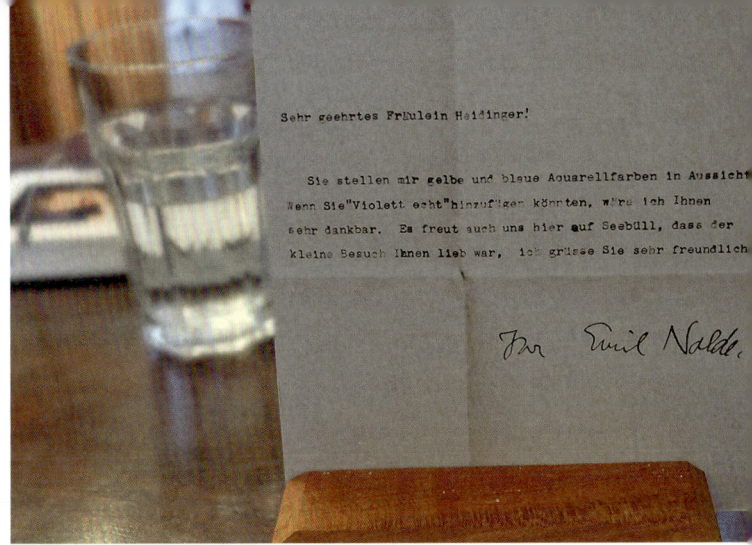

Sehr geehrtes Fräulein Heidinger!

Sie stellen mir gelbe und blaue Aquarellfarben in Aussicht
Wenn Sie"Violett echt"hinzufügen könnten, wäre ich Ihnen
sehr dankbar. Es freut auch uns hier auf Seebüll, dass der
kleine Besuch Ihnen lieb war, ich grüsse Sie sehr freundlich

Ihr Emil Nolde

"Wenn Sie Violett echt hinzufügen könnten . . ."

wird kaum zu den Verlierern zählen. Das beruhigt ebenso, wie der
geübte Service, ein Blick auf den Colombipark stimmt milde gegenüber
allerlei Unpässlichkeiten.

Café Jos Fritz. Orthodox alternativ, aber nicht ohne herben Charme.
Das Café im Hinterhof der Buchhandlung Jos Fritz liegt citynah, dennoch am Rande des konventionellen Freiburg. Der Platz bietet einen
lässigen Freisitz und szenegerecht abgerockte Innenräume. Neulinge
im Revier sollten beachten, daß die Buchhandlung, die Specht-Passage
und angrenzende Reviere zu den letzten Hoheitsgebieten der Freiburger Bewegung zählen. Rucksack- und Graffitidichte, auch Kleidung
und Auftritt der Belegschaft sprechen für sich. Eine Frau im Kostüm
könnte hier Mut und Haltung beweisen. Abends öfter Veranstaltungen
(von Musik bis zum unprogrammatischem Stelldichein). Wilhelmstraße
15, Tel. 0761-30019, vgl. auch S. 54.

Caféteria in der Uni-Bibliothek. Nicht zu den Wundern, sondern
zu den Freiburger Rätseln zählt, wie man eine Universitätsbibliothek
für 53 Millionen Euro bauen kann, diese modernst verpackt und dann
ein so lieblose Caféteria implantiert. Ein Institut verpaßter Chancen,
mit Aufbackware und Konzernbrause. Manchmal kann einem nur
bange werden, ob der Wurstigkeit öffentlicher Einrichtungen und der
Duldungsbereitschaft ihrer Besucher.

Bohnenkaffee im Hotelsilber – Colombi Café Graf Anton

In Freiburg gibt es kein klassisches Kaffeehaus,
aber genug Plätze für Milieustudien.

Viererlei vom Zucker

Draußen nur Milchschaum kann jeder, echten Bohnenkaffee im Kännchen aus poliertem Hotelsilber gibt es in Freiburg aber nur im Colombi Café *Graf Anton*. Kastanien spenden dazu lichten Schatten, im Hintergrund plätschert ein nostalgischer Brunnen, man sitzt – typisch Freiburg – auf einer Terrasse, die mit gespaltenen Rheinkieseln gepflastert wurde. Wer an einem warmen Oktobertag vor glänzenden Kännchen in der Herbstsonne sitzt, während die Kastanien übers Pflaster kullern, kann nicht alles falsch machen. Auf der Colombi Terrasse trifft viel Breisgau auf etwas Welt.

Straffe Lippen und Rosé-Champagner. Ältere Stammgäste verweilen gerne dezent unter den rückwärtigen Arkaden. Dort harren Emeritierte nebst Damen mit Dauerwelle der Passanten, die da kommen. Es kommt mehr Rucksack als Handtasche. Vorne unter den Kastanien sitzen Tagesgäste und Besucher aus dem weiten Osten. Wo sonst in Freiburg sieht man Russinnen mit perfekt manikürten Händen und straffen Lippen vor Roastbeef und Rosé-Champagner? Damen aus ehemaligen Sowjetrepubliken, die wegen der exzellenten plastischen Chirurgie nach Freiburg gekommen sind, schätzen das Colombi Café auch zur schonenden Akklimatisation an die Öffentlichkeit.

Nostalgie und Teebeutel – im Café Graf Anton

Drinnen ist alles anders. Das Café wirkt eng, die Möblierung im späten Düsseldorfer Barock wie ein Zitat aus der Ära Helmut Kohl. Leider liegt nur etwas Regionalpresse aus. Lediglich kritische Geister könnten hierbei auf den Gedanken kommen, so ein Lektüreangebot hätte etwas mit dem Qualitätsbegriff im Haus zu tun. Vielleicht wird wegen der Platzverhältnisse auch auf großformatige Zeitungen verzichtet, um den Gästen Unannehmlichkeiten zu ersparen. Andererseits nähren Beuteltees und ein zwar üppiges, qualitativ eher gewöhnliches Angebot an Kuchen und Confiserie Zweifel am Mythos Colombi. Nur ein Detail: zwischen den Colombi-Florentinern und denen von Gmeiner liegen Welten (vgl. S. 207).

Das erste Haus am Platz. Lange Jahre schien das schillernde Prädikat abonniert, Kritik an der Gesamterscheinung Colombi galt in Freiburg als perfide Denkmalschändung. Immerhin, als nostalgischer Ort hat das Tagescafé seine Vorzüge: wo sonst kommt es zu rührenden Szenen, hinter denen ein ganzes Leben aufscheint. Etwa, wenn eine ältere Dame aus Freiburger Halbhöhenlage nach Mittagstisch und Sahneschnitte den

Viererlei vom Zucker – im Colombi Restaurant

Service bittet: „Können Sie mir bitte ein Taxi in die Sonnhalde rufen." Freiburgerinnen, die so etwas sagen, haben in der Regel das größte Stück vom Kuchen verspeist.

Noch mehr als das Café wirkt das Colombi-Restaurant wie ein blasser Mythos. Der Kaffee nach dem Menü wird mit einem Viererlei vom Zucker serviert. Plus Süßstoff, plus Konventionalgebäck. Eine aromatische Sauce im Hauptgang wäre mir aber lieber gewesen als die geschäumte Flüssigkeit, die den Kabeljau großflächig umspielte. Beim letzten Besuch im Restaurant (Herbst 2016) waren wir dann nur noch enttäuscht. Von der kalt blasenden Klimaanlage, von der matten Routine auf dem Teller und im Service, von Oberkellnerattitüde in zu weiten Hosen. Große Geste, die fade schmeckt.

Erbhöfe haben in der Gastronomie eine vergleichsweise kurze Halbwertszeit. *Tradition heißt Bewahren der Glut, nicht Anbeten der Asche*, mahnte einst Gustav Mahler. Etwas mehr Glut täte auch jenen heiligen Freiburger Hallen gut, die mit den Jahren immer wunderlicher werden.

Freiburger Bobbele

Süße Bobbele gibt es bei Schmidt in der Bertoldstraße

Zufriedene Freiburger überall in der Stadt

Bobbele im Gesetz

In Basel gibt es den sogenannten Daig. Zum *Basler Daig* gehören die richtigen Namen. Sarasin, Vischer, Oeri, Burckhardt, aber bitte mit ck-dt. Kapital gehört natürlich auch dazu, aber darüber redet man in Basel bekanntlich nicht. Daig hält zusammen, er geht auf und wirft Blasen. Daig spricht aber nicht, schon gar nicht mit Schwaben.

In Freiburg gibt es keinen Daig. In Freiburg gibt es eingeborene Bobbele und den grünen Oberbürgermeister Dr. Dieter Salomon. Der könnte auch in einer andersfarbigen Partei sein, für bedeutende Bobbele wäre er immer noch *der Dieter*. Wer in Freiburg sagt „ich ruf mal den Dieter an", der gehört zum Freiburger Kreis. Schulterkopfen gilt dort als Leistungssport. Es gibt noch einen älteren Freiburger Kreis. Der hat im letzten Jahrhundert den akademischen Widerstand gegen die Nazis organisiert, dann die soziale Marktwirtschaft propagiert; um den geht es hier nicht.

Daig und Blase. Der Uli, der Klaus, der Fritz, der Peter, der Bernd, Biene Maya und viele andere gehören zum neuen Freiburger Kreis, den manche als Blase bezeichnen. Der Basler Daig will beim Hochleistungsstiften unter sich bleiben, im Freiburger Kreis ist fast jeder willkommen, Hauptsache Spendierhose. Einige Spender stehen auf der Donatorenwand im

Foyer des Augustinermuseums, dessen prächtige Sanierung zu den neueren Freiburger Wundern zählt. Ob ein Zusammenhang zwischen Schriftgröße und Spendenhöhe besteht, weiß ich nicht. Ich kann den Dieter nicht anrufen.

Die Freiburger Lösung. In der Blase kennt, schätzt und behindert man sich nach Kräften. So ähnlich wie im Golfclub, nur ohne Handicap. Die Platzreife erwirbt man durch hartnäckige Anwesenheit, nach dem Prinzip früher Gastarbeiter: „Viel da und nix frech zum Chef!" (u.a. Presseball, Förderkreise, höhere VIP-Zonen beim SC nicht vergessen!). Das regionale Durchdringen, Geben und Nehmen heißt auch *Freiburger Lösung*. Sie funktioniert wie ein kommunizierendes System von Drehtüren. Ganz raus geht nicht, der Freiburger Spin sorgt zwar für Rotation, aber mehr horizontal als vertikal. Drehtür eben.

Mitglieder der Montagsgesellschaft begegnen sich zum Beispiel in einem Hotel am Colombipark. Die Gruppe vergesellschaftet ihre Mitglieder angeblich nach dem Motto *don't call us, we'll call you*. Man kann aber trotzdem anrufen, Montag

harma GmbH Regine und...

Braun Helen Schuengel-Straumann Ingeborg ...

echt Ströle Ingeborg Giogli Bäckerei ...

... Schueber Siegfried Bestak Ilse Bornhäuser Dr. Cornelius ...

... Ortmann Peter Fuchs Elisabeth und Michel ...

... Noeck Prof. Dr. Helmut Engler Helmut Ehrensberger Meier Wurststand ...

-Rombach Prof. Christoph Mäckler Unmüssig ...

... Peggy Cooper Prof. Dr. Albrecht Kessler Walter Kolb Helga und Gottfried Kory ...

... Ganssmüller Dr. Ruth Rombach-Lehr

... Hans Lienhart Werkgruppe 1 Büro für Stadtplanung und Architektur Werner Überrhein ...

...ing Dr. Henning Rocke Ingeborg und Hermann De...

Gertrud Schilhöger Günther Schnaufer Jochen Gläser Angelika Zechauer-Gillmeister ...

Dr. Renate Mattick Dr. Hans Glatz

Claudia Adamiec Weißenberger & Weißenberger Weingut Köpfer Margot und Dr. Ulrich Seiz ...

...tner Vetter Holding GmbH Christoph Walser Bra...

... Dr. Dr. Bernhard Uhde Schuler Automobile Ernst & König Susanne Juliane Meier-Faust ...

...Meynen Helga Köhler Albert Feser GmbH Plaza Cu...

... Meier Lothar Lorenz Ludwig Marbe Sigrid Varges Dr. Michael Fleiner Ruth-Ilse Thysse...

XXL – die Donatorenwand im Augustinermuseum

und Donnerstag von 9 bis 12. Was dann geschieht, kann ich nicht sagen, ich habe dort nie angerufen. Andererseits meinen Netzwerker, man müsse in Freiburg in keiner Wochentagsgesellschaft sein. Man begegnet sich im feinen Netz der Gassen und Bächle ohnehin.

Im Burgunderstüble. Wenn ich einen Freiburg Krimi schreiben wollte, würde ich nicht über die Montagsgesellschaft schreiben, sondern über die *Bobbele im Gesetz*. Alles wäre frei erfunden: Die Bobbele im Gesetz treffen sich in einem Lösstollen, der auf halbem Weg zwischen dem Munzinger Golfplatz und der Erentrudiskapelle beginnt. Früher war dort ein Unterstand für Rebleute, die vom Gewitter überrascht wurden. In den 80er Jahren wurde die Höhle von einem kleinwüchsigen Breisgauer Projektentwickler ausgebaut und zum Clublokal erklärt. Am Ende des Stollens entstand eine Straußenwirtschaft, aber mit Magnum, Eames-Chairs und begehbarem Humidor. Clubmitglieder nennen ihre Höhle auch *Burgunderstüble*, manchmal werden auch Externe eingeladen. Musikanten, Hofnarren, Frauen. Nur Nadescha ist

Amor mit Pfeil, Hans Baldung Grien (Augustinermuseum Freiburg)

fast immer dabei. Nadescha ist blond wie Ukrainischer Weizen im Sommerwind. Sie kann hervorragend Schach spielen und dabei eine Zigarre so anzünden, daß reifere Männer Schmetterlinge im Schritt kriegen. Meistens gewinnt Nadescha ihre Partie, dann sagt sie: „Matthias, du mußt Dich konzentrieren."

Heißt Joscha jetzt Babu? Einige im Burgunderstüble vermuten, Nadescha sei die Nichte eines russischen Großmeisters, andere schwören bei der heiligen Baßgeige, sie hätten Nadescha schon des öfteren bei einem Gazprom-Funktionär gesehen. Der residiere im südlichen Breisgau, heiße Alexander Maniak, werde von Vertrauten aber nur Joscha genannt.

Von Maniak heißt es im Burgunderstüble wiederum, er wolle das Fußballgeschäft in Freiburg in seinem Sinne kontrollieren, weil ihm Schalke schon länger auf den Senkel geht. Maniak lasse deshalb ventilieren, daß sämtliche SC Würdenträger ihre Posten behalten können, bis runter zum Rasenmeister, aber eben nur unter Maniak. Keine Freiburger Lösung, die große Lösung.

Große Beißschrecke, unbekannter Meister (am Cinemaxx, Freiburg)

Außerdem heißt es im Burgunderstüble, Maniak halte den Stadionneubau draußen am Flugplatz für zu klein gedacht. Schon die Sache mit den Ausgleichsflächen für heimatvertriebene Beißschrecken sei typisch Freiburg. Schrecken nach Eschbach umsiedeln, lächerlich! Wenn schon Ausgleichsfläche, dann richtig, ließ Maniak verbreiten. Über die Achse Staufen-Paris-Moskau könne er Fessenheim in einem Monat kalt machen. Fessenheim runter fahren, Stadion hoch fahren, international spielen. So geht Ökologie, so geht Politik. Ließ Maniak ausrichten.

Kein Bobbele hatte den Mut, Nadescha direkt auf Maniak anzusprechen. Zum Stadionneubau sagte Nadescha einmal: „Wer in Freiburg zu spät kommt, den bestraft niemand." Es dauerte etwas, bis ein Gelächter wie im Offizierskasino ausbrach. Spät am Abend sagte Nadescha dann beiläufig: „Das nächste mal bringe ich Beißschrecken mit, dry aged."

Außerdem käme noch Babu mit, den kenne sie von früher. Da ahnten die Bobbele im Gesetz, daß die ruhigen Zeiten im Burgunderstüble vorbei waren.

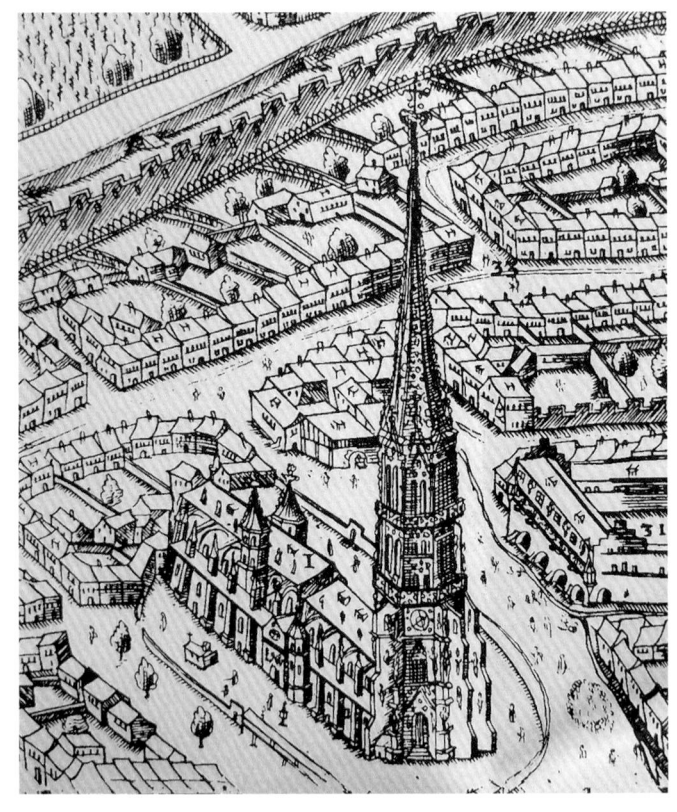

265 Stufen zur Plattform

*Oben angekommen hört man
viele Sprachen, aber wenig Alemannisch.*

Blick vom Münsterturm

„Gelassen schaut der Münsterturm herab auf Äpfel und Brechbohnen." Niemand hat die überragende Bedeutung des Freiburger Wahrzeichens treffender formuliert als der Freiburger Philosoph und spätere Bayrische Kultusminister Hans Maier. Der Münsterturm ist 116 Meter hoch. Zur Aussichtsplattform auf 55 Metern Höhe führt eine enge gewendelte Treppe mit 265 Stufen. Ein paar hundert, an Spitzentagen auch mal tausend Besucher stapfen jeden Tag hinauf (*).

Früher waren es mehr Besucher, weshalb auch immer. Oben angekommen hört man jedenfalls viele Sprachen, aber wenig Alemannisch. Es soll Freiburger geben, die noch nie auf dem Münsterturm waren, offenbar verlieren nicht nur Propheten, sondern auch ikonische Bauwerke in der eigenen Stadt an Bedeutung. Schade, denn von oben betrachtet wirkt Freiburg anders, als aus der Bächleperspektive.

Körperkontakt und Dosenbier. Nach 209 Stufen und schier unvermeidlichem Kontakt mit kurzatmigen Mitbesteigern ist die Turmstube erreicht. Dort sitzt ein Wächter, der zwei Euro Obulus kassiert und mit der Gelassenheit eines arbeitslosen Glöckners ein Kärtle von der Rolle reißt. Von der Turmstube bis zur Aussichtsplattform sind es noch einmal 56 Stufen. Auf der suizidsicher vergitterten Plattform ist es zugig, Touristen machen Selbstportraits mit dem Handy, andere bevorzugen

* Wegen Renovierungsarbeiten am Glockengestühl bleibt der Aufgang zu Turmstube und Plattform voraussichtlich bis März 2018 gesperrt.

Willkommen am Münsterturm

ein Gruppenbild mit Victory-Zeichen und erhobenem Dosenbier. Ein paar wenig pietätvoll angebrachte Hinweistafeln
mahnen zu Picknickverzicht und Ruhe, aber nur eine Minder-
heit der Besucher zeigt stumme Ergriffenheit. Überwältigtsein
an welthaltigen Plätzen gehört offenbar nicht mehr zu den
üblichen Gemütszuständen.

Der Vollendetste seiner Gattung. „Prachtvoll ist der 116 m
hohe Turm, der frühest vollendete und schönste unter seinesgleichen," heißt es in einem alten Baedeker. Auch im kundi-
gen *Meyers Reisebuch Schwarzwald,* Auflage 1906, ist über den
Hauptturm zu lesen, er sei der Star seiner Gattung. Dann geht
es ins Detail: „Man sehe den meisterhaften Übergang vom
Viereck ins Achteck und betrachte die Wirkung des Turmes
über Eck. Oben auf der Plattform über dem Glockengeschoß
sieht man am besten, wie die mächtige Pyramide frei auf den
acht schlanken Pfeilern ruht."

Das freie Ruhen der Turmpyramide ist hundert Jahre später nur dank permanenter Restaurierung und nachträglich
eingebauter Eisenstreben und Verankerungen möglich. Der
teils freie Blick zeigt eine Stadt, die früher einmal – wie es so

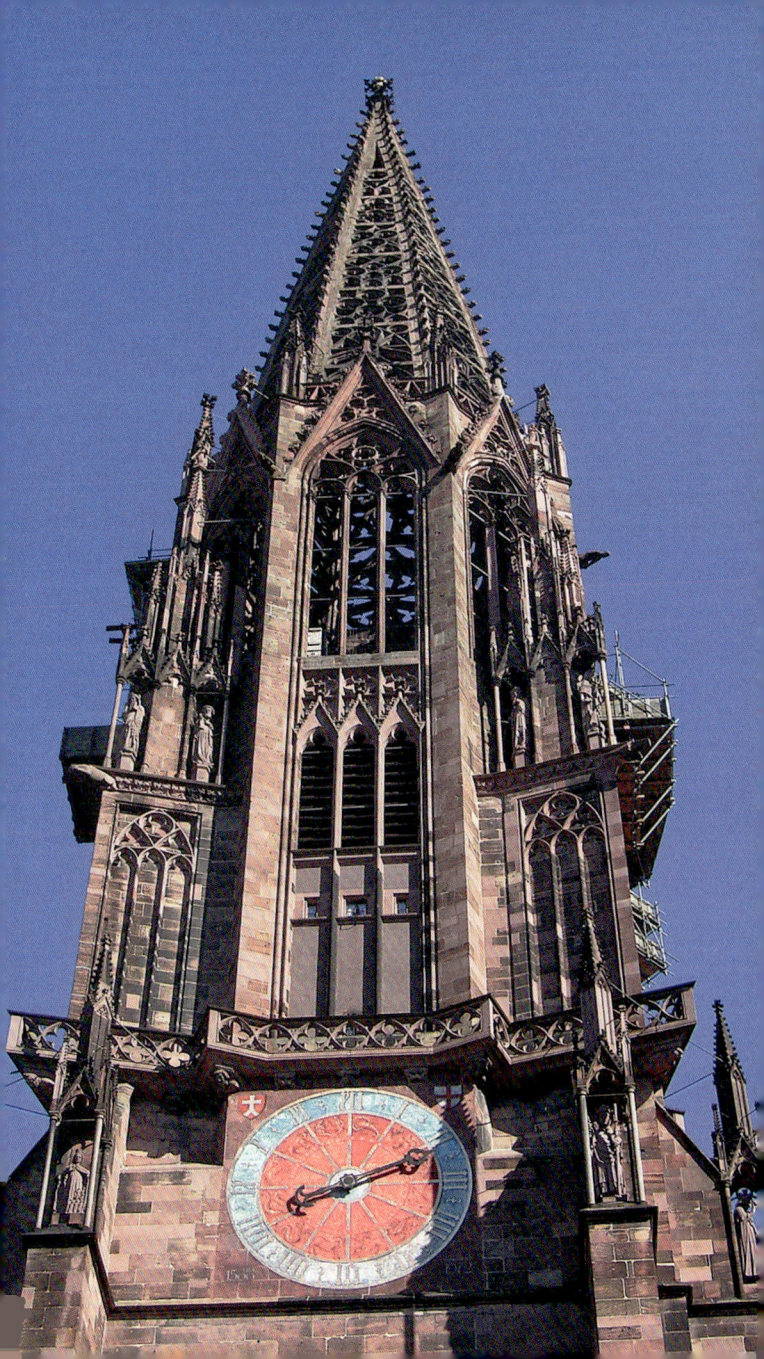

Rekonstruierender Wiederaufbau – Oberlindenquartier

schön heißt – zwischen Wald und Wein lag. „Kein Provinzler vermöchte mit seiner Stadt zufriedener sein, als der Freiburger," schrieb der Ur-Freiburger Franz Schneller in letzten Friedensjahren vor dem 2. Weltkrieg. Das gilt immer noch, nicht nur beim Blick vom Münsterturm.

Mahnmal und Maßstab. Freiburg war nie Frontstadt und lange kein Ziel von Luftangriffen. Bis zur verheerenden Bombennacht vom 27. November 1944, als durch einen britischen Luftangriff 2.800 Menschen umkamen und 80 Prozent der Altstadt zerstört wurden. Nur der Münsterturm stand nahezu unversehrt inmitten eines Trümmerfeldes. Heute erinnert eine Gedenktafel am Hauptportal an die wundersame Ausnahme: „Inmitten von Tod und Verwüstung überdauerte das Münster." Beim Wiederaufbau der Altstadt war das Münster Mahnmal und Bezugspunkt in einem. Man orientierte sich an historischen Achsen und Gebäudehöhen und vermied die damals übliche autogerechte Zurichtung der Innenstadt.

Ein Blick vom Münsterturm zeigt bis heute, daß der „rekonstruierende Wiederaufbau" gut gelungen ist, Ausnahmen wie

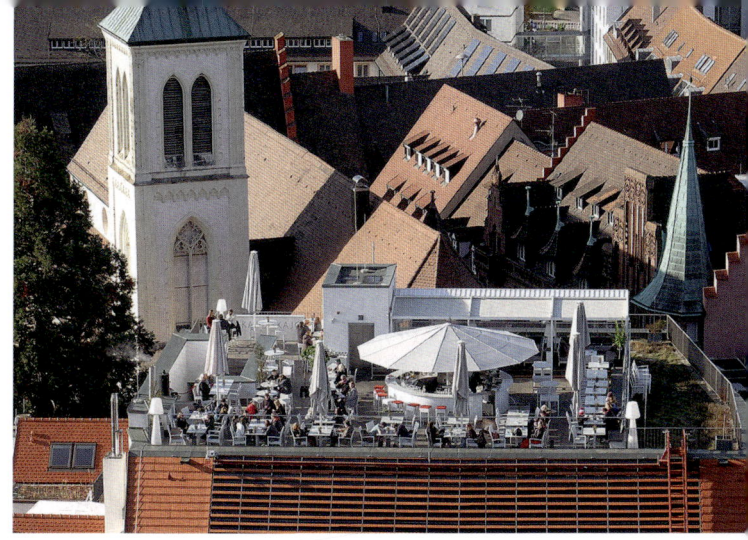

Latte und Münsterblick – Skajo Dachterrasse

Schwarzwaldcity, Kaufhäuser, Karlsbau und City Ring verändern den heimeligen Gesamtaspekt der Innenstadt nur wenig. Besonders im Osten längs der Dreisam, wo Freiburg einst die Fernverbindungen zur Baar und nach Schwaben kontrollierte, reicht der Schwarzwald ansehnlich in die Stadt hinein. Auch die Villen in Herdermer Hanglage, wo früher Wein wuchs und Pferde weideten, wirken von oben noch privilegierter als aus irdischer Sicht. Man sieht auf eine städtische Parklandschaft, nobles Gehügel auch im Süden zum Schönberg hin, der die feinen Linien der Stadt bis zum Horizont trägt. Das schöne Gesicht wird nur punktuell unterbrochen von Renditebauten, die von oben eher wie Hautunreinheiten wirken. Von Nachbars Garten aus betrachtet, sieht ein gebauter Pickel natürlich ganz anders aus.

Hauptstadt im engen Anzug. Wohlfühlmetropole, Behaglichkeitsfalle, Schwarzwaldhauptstadt – selbst abgegriffene Etiketten werden bei einem Panorama vom Münsterturm unmittelbar anschaulich. Auch die eingebettete Lage der Stadt wird plastisch, mehr denn je steckt Freiburg sehr eng im Breis-

Eine ganz normale Stadt, die mit zwei Zungen redet

gau. Das Umland zwickt da und dort. Der Schwarzwald grüßt, der Schönberg blockt, das Dreisamtal ist kein weites Feld, sondern eine natürliche Grenze, Segen und Limit in einem.

Die andere Seite. Wer die Gesamtschau schätzt, gen Westen blickt und die anderen 180 Grad der Stadtlandschaft wahrnimmt, wird mit einer so zutreffenden wie banalen Aussage des Oberbürgermeisters konfrontiert. Freiburg sei eine ganz normale Stadt mit ganz normalen Problemen, meinte Dieter Salomon anläßlich der hohen Kriminalität in der Stadt. Freiburgs Spitzenplatz in der Kriminalstatistik Baden Württembergs harmoniert seit jeher nicht mit der Wohlfühllaura der Stadt.

Richtig, Freiburg ist eine ganz normale Stadt, eine Stadt, die mit zwei Zungen redet. Mal grün-bunt, mal konservativ, je nach Bedarf. Der migrationsgetriebene Drogenhandel im Revier um die Stühlinger *Herz Jesu Kirche* wurde jahrelang gnädig geduldet, nun wird milde observiert. Auf dem Platz vor dem Münster *Unserer lieben Frau* wäre der Spuk nach einer

Herz Jesu Kirche ist nicht unsere liebe Frau

Woche abgeräumt worden. Wir sind eine Welt, Herz Jesu und unsere liebe Frau sind aber nicht dasselbe. Geschäftsführer der Barmherzigkeit können sehr wohl differenzieren, gerade in Freiburg. Zur virulenten Kriminalität in der Stadt heißt es im Neusprech der Kümmerungsprofis, einige Flüchtlinge seinen eben nicht nur im Gastland, sondern auch „endgültig im Kriminalitätsgeschehen angekommen". Und wer holt die Menschen dort wieder ab?

Im Westen viel Neues. Weiter draußen wird das Weichbild der Stadt nur von wenigen Bauwerken getrübt, sie sind nicht mehr Kirchturm aber noch nicht richtig Hochhaus. Zwischen Stadtrand und Autobahn sitzt der Speckgürtel nicht so eng. Macht Ackerland zu Passivhäusern und huldigt den ökologischen Ausgleichsflächen – die aktuelle Formel des Städtebaus verspricht Profit und Vergebung in einem. Mehr konnte die Kirche auch in ihrer besten Zeit nicht leisten.

Auf dem gut 160 Hektar großen Dietenbachgelände wird ab 2022 ein neuer Stadtteil wachsen. Optimal gedämmt, mit

integrierten Sozialstationen und ökologischen Ablassflächen, noch weiter draußen. Nur im Westen ist Platz für große Pläne und ein neues Fußballstadion paßt auch noch dazwischen.

Im Westen also viel Neues, die Sonne geht aber im Osten auf. Der *Orient* schenkt Licht, Leben und Erlösung. Im Osten erschien Jesus, im Osten fährt er an Himmelfahrt wieder hinauf. Deshalb steht in alten Kirchen der Altar im Osten. Die traditionelle Ausrichtung wird auch *Orient*ierung genannt. Zeiten ändern sich, Orientierung bleibt.

Weltliche Exzellenzen, welche die Dinge zum Guten lenken, leben in Freiburg bevorzugt in Parallelgesellschaften im

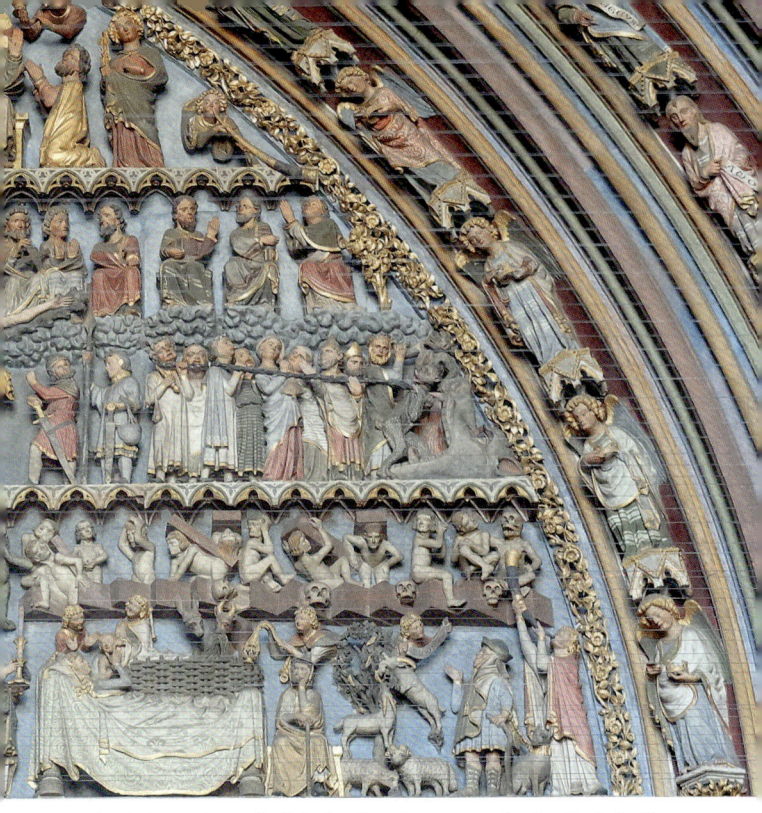

Unten das Leben, oben die Schalmeien: Tympanon in der Portalhalle

Osten. Von dort blickt man gen Haslach, Weingarten und weiter nach Westen. Wo Platz ist für Toleranz und Rendite.

Bilder in Stein. In der Portalhalle des Freiburger Münsters befindet sich das Tympanon. Es ist ein Bilderbuch des Lebens, in Stein gehauen. Auch ein Panorama über Privileg und Diskriminierung. Unten rechts wird geboren und gearbeitet, links gestritten und gelitten. Oben wird es enger, über den Wolken thronen die Apostel, zuoberst Christus, Maria und Johannes, umgeben von schalmeienden Engeln. Die Zeiten ändern sich, manches bleibt, der Münsterturm schaut gelassen zu.

Sack oder Tasche

Freiburg ist eine gute Stadt,
deshalb brauche ich keinen Rucksack in der Stadt.

Rucksack

Unisono wurde mir von einem Stichwort zum Thema Rucksackträger abgeraten. Ich soll es mit dem Freiburg Bashing nicht übertreiben, ich könne die Freiburger Rucksackdichte ja in einem Nebensatz unterbringen. Ein Seitenhieb sei genug. Das sehe ich nicht so: Erstens ist so ein Rucksack eine praktische Sache, ich selbst habe zwei. Einen Tagesrucksack für den Schwarzwald und einen größeren für die Alpen.

Stadt und Rucksack. In der Stadt wandere ich aber ohne Wasserflasche und Rucksack. Wasser durch die Stadt tragen macht mir keine Freude. Eigentlich gleicht die Idee der Stadt sogar der des Rucksacks. Luis Trenker schreibt zum Rucksack: „Der Besitz eines brauchbaren Rucksacks allein tut es nicht. Er will auch gepackt sein, und das muß so geschehen, daß Ordnung herrscht, so daß man ohne langes Wühlen und Suchen sofort jeden Gegenstand finden kann." Eine gute Stadt ist auch so gepackt, daß man ohne langes Wühlen und Suchen alles Mögliche finden kann. Freiburg ist eine gute Stadt, deshalb brauche ich dort keinen Rucksack.

Das Foto zur linken zeigt übrigens keinen Rucksackverschluß, sondern das Schloß einer Aktentasche. Das Modell wurde in einer kleinen Freiburger Lederwaren-Manufaktur gefertigt, es kommt unter anderem auch am Bundesverfassungsgericht zum Tragen. Dem Vernehmen nach sollen dort sogar zwei Exemplare im Umlauf sein. Tröstlich, Freiburg ist nicht nur Rucksackcity, sondern auch inoffizieller Ausrüster oberster Verfassungsorgane.

Eisenwaren am Schwabentor

Bevor die letzten Männerläden
aus der Stadt verschwinden, sollten wir hingehen.

Männerläden

Den *Gummi Fuchs* eingangs der Gerberau gibt es ja nicht mehr, *Messer Ferrazza* in der Schusterstraße auch nicht. Leider. „Feine Solinger Stahlwaren" stand über einem matten Schaufenster, in dem wenig zum Schauen lag. Man mußte schon reingehen und mit Herrn Ferrazza reden. Vor allem mit ihm klarkommen, wenn man seine feinen Stahlwaren wollte. Ich mag solche Männerläden.

Luitpold Bauer, Eisenwaren steht über einem Charakterladen in der oberen Altstadt am Schwabentor. Davor stehen Spaten, Schaufeln und Gabeln aus der Schwarzwaldschmiede in Friedrichstal bei Baiersbronn. Handgeräte, wie sie Männer aus Schwertkampfkursen nicht so gerne schwingen. Es heißt, der Glaube kann Berge versetzen. Mit der richtigen Schaufel geht es aber leichter.

Mit einem Sackmesser ist auch manches einfacher. Beim Messerschmied *Ramsperger* in der Rathausgasse gibt es seit 1912 gute Küchenmesser, Männermesser, Pilzmesser und viele andere Schneidwaren. Man weiß nie, was kommt.

Der domestizierte Heimwerker holt seine Hohlraumdübel gerne auf der grünen Wiese im Baumarkt. Bevor die letzten Männerläden aus der Stadt verschwinden, sollten wir hingehen. Es gibt dort Flügelschrauben, Überwurfmuttern und akkulose Schaufeln. Vor allem aber das unbezahlbare Gefühl, daß es für fast jedes Problem eine Lösung gibt.

Mutti macht's

Eltern, die ihre Kleinkinder mit Stoffwindeln wickeln,
gewährt die Stadt Freiburg einen Zuschuß.

Im Volksheim

Die Wohlfühlmetropole an der Dreisam erscheint mitunter wie eine Miniatur des skandinavischen Volksheims. Pädagogische und soziale Hochschulen, caritative Institute, Akademien und Stiftungen – von der Jugend bis ins hohe Alter findet sich gerne jemand, der die Milch wärmt, den Tisch deckt und den Mund abwischt.

Auch wenn es um den Umgang mit Wertstoffen geht, kümmert sich die Stadt mit einigem Nachdruck um ihre Bürger. Alle Zitate stammen aus der aktuellen Ausgabe des amtlichen Freiburger Abfallkalenders:

- Zum Einkauf am besten einen Korb, Rucksack oder eine Stofftasche mitnehmen.

- Brotbox und Trinkflasche ersetzen Alufolie und Einwegverpackungen.

- Bitte denken Sie daran, daß Sie sich an den Recyclinghöfen als Freiburger/in ausweisen müssen.

- Eltern, die Abfall vermeiden und ihre Kleinkinder mit Stoffwindeln wickeln, gewährt die Stadt Freiburg auf Antrag einen finanziellen Zuschuss.

Vollschuß oder Zuschuß?: Die Stadt Freiburg erstattet pro Kind 30 % der Stoffwindelausgaben, derzeit bis zu einer Höhe von 51,13 Euro. Der Antrag muß vor dem 3. Geburtstag des Kindes gestellt werden, Belege sind beizufügen.

Urbane Nachrüstung

*Rund 10.000 Besucher pro Tag schluckt
das dunkle Standobjekt mit der futuristischen Außenhaut:.*

Rock am Ring

Bächle ade. Zwischen neuer Universitätsbibliothek, Rotteck-ring und Siegesdenkmal wird Freiburg derzeit urban aufge-rüstet. Die Grabungen begannen bereits vor Jahren, Ende 2018 soll die neue Stadtbahnline zwischen Uni-Bibliothek und Siegesdenkmal verkehren, zwischen Stadttheater und Kolle-giengebäude II wird sich ein weites urbanes Feld öffnen. Auf den Computer-Entwürfen sieht der neue Platz an der alten Synagoge schon heute aus, wie paneuropäische Plätze eben so aussehen: diffuse Geschäftigkeit unter heiterem Himmel, Radfahrer kreuzen, Straßenbegleitpflanzung grünt. Alles gut.

Am Anfang des städtischen Masterplans steht die neue Uni-veritätsbibliothek, deren Lebenszeit hoffentlich die des Vor-gängermodells übertrifft. Dem alten Klotz gegenüber vom Kollegiengebäude I war eine Lebensdauer von gerade mal 30 Jahren beschieden. Außen wirkte der Lesebunker abweisend, innen war es dunkel und stickig, die Technik bald veraltet.

Milchschnitte im Todesstern. Aus einer zunächst geplanten Generalsanierung wurde schnell ein Neubau, der schließlich 53 Millionen Euro kostete. Eine Bauzeitüberschreitung von zwei Jahren und Mehrkosten von 10 Millionen muten aus heutiger Sicht fast bescheiden an.

An der Kalttheke – Caféteria in der neuen UB

Bis zu 10.000 Besucher strömen täglich in das dunkle Stand-objekt. Die kompliziert bis maniriert gefaltete Außenhaut aus spiegelnden Glaselementen und mattiertem Chromstahl sorgt für einen kurzen Aha-Effekt, die Augen des Betrachters finden an der glatten Fassade aber keinen Halt (Architekt Heinrich Degelo, Basel; Spitzname Todesstern). Inwändig wirkt des Bauwerk jung und aufgeräumt, was auch daran liegen könnte, daß heute weniger analog gelesen wird. Die Gruppenzonen und Lernboxen mancher Stockwerke haben den Charme eines begehrbaren Smartphones. Externe können das Gebäude genauso nutzen wie Universitätsmitglieder. Ein Besuch ist allein schon wegen der Aussicht (auf akademischen Nachwuchs und Stadt) lohnend. Man betrachte das Geschehen frei nach dem Motto: allein bleibt selten, wer die Augen öffnet.

Die im Tank-und-Rast-Stil bestückte und vom Studieren-denwerk Freiburg verantwortete Imbisstheke ist kein Frei-burger Wunder, sondern ein anschauliches Beispiel mehr für die gastronomische Kompetenz öffentlich-rechtlich verfaßter Anstalten. Im Sortiment so untadelige Qualitätsprodukte wie

Nestwärme gegenüber der UB – Tante Emma in der Belfortstraße

Milchschnitte, Bifi und bleiche Aufbackware. Wenn es stimmt, daß man ist, was man ißt, dann wird hier das akademische Proletariat von morgen verköstigt. Schämt sich da eigentlich niemand?

Marmorkuchen und Ironie. Anderseits gibt es in der Belfortstraße, gleich gegenüber der Technofassade der Bibliothek, einen Neo-Tante-Emma-Laden namens *Tischlein deck Dich*. Eine junge, freundliche Tante Emma bedient dort in der Rüschenschürze, es gibt „hausgemachten Marmorkuchen nach Großmutters Rezept" Kaffee to stay und vor allem etwas von jener Nestwärme aus der Rabattmarkenzeit, welche die Generation Lieferando nur noch vom Hörensagen kennt.

Das Tischlein-deck-Dich-Konzept wirkt wie ein ironisches Zitat auf moderne Konsumstile und sicher gehören einige Lieferandos zu Tante Emmas Stammkunden. Neue Unübersichtlichkeit, Spiel mit der Zeit? Großmutters Marmorkuchen wird noch manchen Bewirtungsversuch des Studierendenwerks überleben.

Was leuchtet, blendet – Sonnenrollo an der neuen UB

Heikles Blendwerk. Schon bald nach der Eröffnung im Herbst 2015 kam es zu Engpässen an den 1700 Arbeitsplätzen, aber nicht nur dort. Zu bestimmten Jahreszeiten muß die Ostfassade mit einem Rollo abgeblendet werden, weil der Geist des Hauses nicht nur leuchtet, sondern auch blendet. Weitere Bau- und Ausführungsmängel hören sich an wie Klassiker der modernen Architektur, im Stenogramm: Bei Regen undichte Außenfassade, defekte Drehtüren am Zentraleingang, Bruch der Bodenplatte in der Eingangshalle. Ein Kuriosum ist der Eingang zur Caféteria, der zunächst fassadenbündig nach außen geneigt war, woran sich einige Studiosi die Stirn anrannten. Die Außentür wurde daraufhin begradigt, was wiederum dem Schöpfer nicht gefiel. Man streitet.

Anfang 2017 wurden mutwillig die Toiletten verstopft, was einen kapitalen Wasserschaden auslöste. Der Laie fragt sich, wie bei einem High-End-Gebäude Wasser barrierefrei durch die Stockwerke rauschen kann. Gemischte Zwischenbilanz: Es läuft, aber es läuft nicht richtig rund mit Freiburgs Uni-Bibliotheken.

Vereint im Geist – altes Kollegiengebäude und neue UB

Von außen betrachtet, hat der „Todesstern" Kraft. Die futuristische Glasfassade steht in scharfem Kontrast zu den historischen Steinfassaden der Umgebung. Stadttheater und Uni-Kollegiengebäude I spiegeln den Geist von Jugendstil und frühen Boomjahren, zugleich aber auch das beharrende Moment eines starken Bürgertums. „Die Wahrheit wird Euch frei machen", das Johannes Glaubenswort ist auch das Universitätsmotto, es leuchtet in goldenen Lettern am Kollegiengebäude. Die spiegelnde, provokant gebrochene Fassade der UB steht für den Aufbruch. Sie steht aber auch für die Macht der Findungskommissionen und wie jeder ikonische Bau verkörpert die neue Bibliothek jene Restprovokation, die in einer kleinen Großstadt gerade noch möglich ist.

Ikone und Programm. Die Fassade der Universitätsbibliothek ist nicht nur Ikone, sondern auch Programm. Es ist ein Abschied vom städtebaulichen Ideal der Rekonstruktion, dem Freiburg in der Nachkriegszeit lange folgte. Ein architektonischer Ruck soll die Achse vor der Bibliothek ergreifen. Das Freiburg der gemütlichen Traufhöhe soll moderner wer-

Liegesitz – Möblierung vor der UB

den: der sehr weite Platz zwischen Kollegiengebäude und Stadttheater, der neue Ring mit der Stadtbahn, die den Platz optisch und emotional leider zertrennen wird – alles soll ab 2018 im Großstadtdesign strahlen. Man kann nur hoffen, daß am Ende nicht zuviel Potsdamer Platz herauskommt.

Urbanität am Riff. Viel wird davon abhängen, ob der Masterplan Platz für ein paar humane Nischen läßt. Der Architekturkritiker Niklas Maak hat die Sockelgeschosse einer Innenstadt mit einem Korallenriff verglichen. Seine These: Eine Stadt wird dort reizvoll, multifunktional und lebenswert, wo in ihrem gegliederten, auch mal tief verästelten Sockelriff neue Ideen, Interessen und neugierige Passanten andocken können. Wo sich Strudel, Nischen und Ankerplätze bilden. Überraschende Läden, Gastronomie, Tische im Freien, Raum für Gesten und Gespräche. Derart vielfältig besiedelte Riffe brechen die städtische Strömung, sie geben dem Moment eine Chance. Man nennt das auch Urbanität.

Neue Mitte oder Urbano-Freiflächendesign: der neue Rotteckring

Digital entworfene, in Kommissionen rund geredete, kehr-maschinengerechte Projekte sind das Gegenteil davon. Paneuropäisches Urbano-Freiflächendesign gibt es genug. Daß ein Bildschirm-Planer vor der Freiburger UB kalte Betonschalen in den Entwurf rückte, die auch in Südspanien zum Abhängen einladen, läßt nicht hoffen. Ein städtischer Platz ist etwas anderes als eine private Sofagarnitur. Wenn der Platz an der alten Synagoge ähnlich austauschbar möbliert wird, gibt es nochmal einen Unort, mit dem es nach der feierlichen Einweihung abwärts geht.

Münsterturm und Pflastergäßle sind keine ewigen Bezugsgrößen. Mit seiner gebremsten Traufhöhe wird Freiburg nicht durchs 21. Jahrhundert kommen. Mit einer mehrheitsfähigen Auswahl aus dem Menü der Stadtplaner auch nicht. Vandalismussichere Liegemöglichkeiten und korrekte Gedenkstätten machen noch keine Urbanität aus. Vergeßt die Korallenriffe nicht, laßt Pionierbesiedlung zu. Sonst kommt nur Treibgut.

Regionaler Schwarmgeschmack

Alle wissen, wie es wo schmeckt, und warum, wenn nicht. Man könnte es auch Schwarmgeschmack nennen.

Küche nach Mundart

In Deutschland gibt es ein paar Millionen gefühlte Fußball-Bundestrainer, in Freiburg ein paar tausend Gastronomiekritiker, mindestens. Einer, der auch wußte, wie es wo schmeckt, war FRANZ SCHNELLER (1889-1968). Autor, Dramaturg am Freiburger Theater, Freund von René Schickele und Reinhold Schneider, Hebelpreisträger. Mal Radikaldemokrat, mal plauderndes Bobbele. Im Jahr 1965 erschienen einige von Schnellers kulinarischen Essays unter dem Titel *Zu Tisch zwischen Schwarzwald und Vogesen. Küche nach Mundart.* Zitate hieraus:

Und es läßt sich sagen: von der Art wie ein grüner Salat bei Tisch erscheint, sind Rückschlüsse auf alles, was eine Küche hervorbringt, zu ziehen.

Unsere Köche liefern zum Siedfleisch (nie ohne kerniges Fett!) Schälchen mit feinen Salätchen, Kresse, Rahnen, Sellerie, Rettich, Gurke, Meerrettich, süßsaure Zwetschgen und Kürbis, Preiselbeeren aus dem Hochwald.

Denn der Hase ist nicht gleich Hase. Kenner wissen, daß der Hase vom Berg am Thymian nascht, Thymian, dessen Aroma auf wunderbare Weise sein Fleisch parfümiert.

Mir sind ein paar Zungenbrüder vom Schlage Schnellers lieber als ein paar tausend Laienrichter.

Ohne gutes Brot ist alles nichts

*Wo gibt es Brot mit wilder Porung, gut gebackenes Steinofen-
brot, dessen Teig lang ruhen und reifen durfte?*

Dinkel, Brot & Martenstein

Eine ältere Dame bringt den Frust mit Industriebrot auf die Formel: „Ich will Brot mit Löchern drin." Nur, wo gibt es Brot mit grober, wilder Porung, ein gut gebackenes Steinofenbrot, dessen Teig lange ruhen und reifen durfte?

Nach langem Niedergang der Bäckerei hat sich die Situation nicht nur in Freiburg deutlich verbessert. Dennoch Obacht, Manufakturbäcker nennen sich mittlerweile einige, *Pfeifle* und *Bühler* wären aber schon mal zwei Referenzbetriebe, von denen jeder auf seine Art zur Verbesserung der Versorgungslage beiträgt. Bühlers kleines Ladenlokal in der Wiehre wird wie eine Wallfahrskapelle aufgesucht, zu Recht (vgl. S. 265). Anzumerken wäre freilich, daß auch andere Bäcker backen können. In der Unterwiehre etwa *Lay* in der Bayernstraße (auch wg. Flammkuchen, sowie der Quiche mit Schinken).

Allein Pfeifle unterhält derzeit 10 Filialen in der Stadt, einen Wagen auf dem Münstermarkt (Südseite); das Hauptgeschäft und die Backstube sind in der Haslacher Karl-Kistner-Strasse 20. Die Traditionsbäckerei wurde erst vor wenigen Jahren qualitativ völlig neu ausgerichtet. Der Betrieb bietet bei den auf Tuffstein gebackenen Broten hervorragende Qualität. Darunter das Oberlindenbaguette (hell) und ein Münster-Flute

Objekt der Begierde – Der Freiburger Michel (von Pfeifle)

(dunkler), beide Typen verdienen den Namen Baguette.

Eines sollten zugewanderte Schwaben allerdings ganz vergessen. Es gibt keine Laugenbrezeln im traditionellen schwäbischen Stil (kross-dünne Ärmchen, mollig duftender Leib), sowenig wie es in Freiburg ein klassisches Kaffeehaus im Wiener Stil gibt.

Brot ist kein Vogelfutter. Die folgenden Hinweise sind als Lebenshilfe gedacht, denn ohne ein vernünftiges Brot hängt jede kulinarische Diskussion in der Luft. Andererseits gilt seit eh und je: wer gutes Weißbrot hat, dazu ein dunkles Sauerteigbrot im Brotkasten, kann nicht umkommen, nirgends. Heikler als beim Brot ist die Versorgung mit Kleingebäck, wirklich gute Brötchen und Seelen sind im Südwesten schwerst zu finden, leider sind Öko-Bäckereien keine brauchbare Alternative, ihre gut gemeinten Produkte erinnern bisweilen eher an gepreßtes Vogelfutter. Nach all dem, was auf diesem Sektor lief, ist zu befürchten, daß viele Bäcker nicht wissen, wie Brot schmecken kann, könnte. Bezeichnend, daß die Spitzenanbieter in der Stadt umlagert werden wie zu Notzeiten. Und wie verräterisch

So geht Sauerteig – Roggenvollkornbrot von Faller

ist das Schild: „Brot vom Vortag zum halben Preis".

Bäckerei Pfeifle, baeckerei-pfeifle.de, dort eine Aufstellung aller Filialen und des gesamten Sortiments, inklusive der etwas bemüht regionalisierten Nomenklatur von Oberlinden bis Green City.

Bäckerei Bühler, Zasiusstraße 9, Ecke Brombergstraße (Zentralwiehre). Teils überdurchschnittliches Sortiment, das von den Wiehrebewohnern geduldig erwartet und mit Huld entgegen genommen wird. Etwa die weithin verehrten Croissants, auch das Gourmet-Baguette schmeckt nicht so gekünstelt wie es heißt, manche kommen seinetwegen von weiter her; im Programm auch Kleingebäck und Kuchen.

Bäckerei Faller, nach wie vor eines, vielleicht auch **das** Natursauerteigbrot aus 100 % Roggen-Vollkorn (alle Faller Brote aus Bio-Getreide). Das Roggensauerteigbrot ist Mo und Do erhältlich, als Laib frei geschossen zu 750, 1000 und 2000 Gramm, sowie 750 Gramm und ein Kilo in Kastenform. Aromatisch, lange haltbar. Der Aromatest geht so: man lege ein frisch gekauftes Sauerteigbrot von Faller ins Auto, lasse es dort während der Stadtrunde liegen und achte bei der Rückkehr im Wagen auf den Duft im großen Brotkasten. Wie bei allen Sauerteigbroten und vielen guten Broten wird das Aroma mit der Lagerung eher noch vielschichtiger. Mehrere Ladenlokale, Innenstadt-Filiale in der Bertoldstraße 21; bb-faller.de.

Quartiersnest – La Spelta am Kirchplatz in Herdern

Exkursion zu La Spelta: „Dinkelbackstube" – was wie tiefes Freiburg klingt, ist eine freundliche Stadtteil-Adresse mit All-in-One Funktion: Klatschbörse, Caféstube, kleiner Mittagstisch von 12 bis 14 Uhr, Teestunde nach dem Markteinkauf. Das Kleingebäck, süße Teilchen, Brot und Baguette – alles 100 % Dinkel; Nachrichten und Szenen 100 % Herdern. Mehr Lokalkolorit auf kleinerem Raum geht fast nicht und damit wird die Stube zum Ausflugsziel. Kombiniert mit einem Marktbesuch auf dem Herdermer Kirchplatz (Di und Fr.-nachmittags), der unmittelbar nebenan liegt, wäre der Besuch fast schon eine kleine ethnologische Exkursion.

Earl Grey und Harald Martenstein: Zu meinen Freitagsleidenschaften gehört ein Besuch auf dem Bauernmarkt am St. Urban Kirchplatz, ergänzt um eine Klausur in der Dinkelstube nebenan. Zum einen sieht man selbst in Freiburg selten so ein gelassenes Wohlleben wie an den Herdermer Marktnachmittagen. Die Abwesenheit von Eile und Not hat etwas tief Beruhigendes. Wenn Frau Professor im Schatten des Kirchturms hier ein buntes Sträußlein holt und dort ihr Schwätzlein hält,

Kleine Wunder am Freitagmittag – Dinkelhörnchen in Herdern

so denkt man bei sich: Mein Gott Herdern, alte Rebhütte, hast es gut getroffen!

Der heilige Urban ist Rebheiliger und Kirchenpatron in einem. In den ehemaligen Weinlagen Röte, Eichhalde, Sommerberg und Immenberg buckelt aber längst keiner mehr am Steilhang. Ein Quantum vom Breisgauer Roten dürfte trotzdem im Keller mancher Villa lagern. Mehr denn je ist der Blick von den gerodeten und nach und nach filetierten Rebhängen der Oststadt auf die weite Ebene der Weststadt ein güldener.

Bei La Spelta liegen immer ein paar Zeit-Magazine aus. Am liebsten lese ich dort am Freitagmittag die Martenstein-Kolumne. Gedanken über die Abgründe satter Zeiten, die Kulisse des Wochenmarktes, eine Tasse Earl Grey, ein Dinkelhörnchen, mit Aprikosenmarmelade gefüllt – wenn das kein Freiburger Wunder ist.

La Spelta, FR-Herdern, Sandstr. 4, Tel. 0761-612 552 72; laspelta.de, von 9 bis 18 Uhr. RT: Mo und Do.

Erst Töchterheim, dann Soziologisches Institut

In Freiburg war die Revolution angekommen,
in der Günterstalstraße 67 knarzte das Eichenparkett.

Studium Generale

Lange vor Bachelor und Master befand sich das Soziologische Institut der Universität Freiburg in der Günterstalstraße 67. Die denkmalgeschützte Jugendstilvilla mit Erkern und neugotischen Giebeln wurde 1902 für einen Brauereibesitzer erbaut, der das Anwesen aber schon wenige Jahre später weiter verkaufte. In den 30er Jahren diente die Villa auch mal als Töchterheim, nach dem Krieg zwischenzeitlich als Gesundheitsamt. Im Wintersemester 1964/65 begann der Lehrbetrieb in der Günterstalstraße, er blieb dort bis zur Mitte der 80er Jahre. Während der ersten Jahre waren nur ein paar Studenten eingeschrieben. Mitte der 70er Jahre, als meine Studienzeit begann, waren etwa 20 Hauptfachstudenten je Studienjahr immatrikuliert.

Parkas und Breitcordhosen. Am Institut ging es zu wie in einer Großfamilie. Es war eine bewegte Zeit, mal unbeschwert wie eine Schwarzwaldwanderung, mal zäh und anstrengend wie eine lange Bergtour. Wer ernsthaft studiert, fühlt sich überfordert, einsam, euphorisiert. Ich bereue keinen Tag am soziologischen Institut.

Es war die Zeit der Anti-Kernkraft-Bewegung, der Streiks, Demos und der Freiburger Häuserkämpfe. Falls sich noch jemand daran erinnert: Wyhl, Dreisameck, Schwarzwaldhof, Zug der Unzufriedenen et al. In Freiburg war die Revolution angekommen, in der Günterstalstraße 67 knarzte das Parkett.

Im ersten Stock des Instituts waren drei Bibliotheksräume mit großbürgerlicher Raumhöhe und Clubstimmung. Reak-

Bis heute gut sortiert – unser Büdchen an der Lorettostraße

tionäre trugen damals Breitcordhosen, Revolutionäre langen Schal zum offenen Parka. In der friedlichen Umgebung einer Bibliothek wirkte verwaschene Armeekleidung besonders programmatisch. Im Regal *Allgemeine Theorie* standen die überlangen Brechstangen von Marx und Engels. Gleich daneben das feinere Werkzeug: Max Weber, Plessner, Popper, Schelsky, etwas Dahrendorf, natürlich die Freiburger Lehrer Günter Dux und Heinrich Popitz. Wer seinen Tunnelblick weiten wollte, fand in der Bibliothek Werkzeug von Spaltaxt bis Skalpell, von Fernglas bis Lupe. Die *Prozesse der Machtbildung* von Heinrich Popitz kann man bis heute jedem Bürgermeister und Intendanten aller Sparten nur empfehlen.

Fräulein Hofmann. Je mehr die Roheit auf der Straße eskalierte, desto eleganter erschien die Salonstimmung am Institut. Die Intelligenz der angenehmeren Kommilitonen war stets von einer lässigen Höflichkeit flankiert. Wohlfühlingenieure wie Hartmut Rosa würden so ein Institut heute als Resonanzraum bezeichnen. Das Sekretariat wurde von Frau Hofmann geführt; eine gebildete, mehrsprachige und diskrete Dame.

Der Karpfen heißt jetzt Simsalabim

Vor ihrer Flucht in den Westen war sie Dolmetscherin des
sowjetischen Militärkommandanten in Ostberlin, später Chef-
sekretärin eines Uhrenfabrikanten im Schwarzwald. Frau Hofmann legte Wert darauf, mit Fräulein Hofmann angesprochen
zu werden. Wer in ihr Büro zum Tee gebeten wurde, gehörte
zum Resonanzraum.

Agitation und Cordon bleu. Gegen Ende der 70er Jahre erschienen am Institut immer öfter Mitglieder vom Kommuni-
stischen Hochschulbund und MSB-Spartakus. Die Agitatoren
rochen nach feuchten Parkas und Ideologie. Mit Kreppband
klebten sie rote Banner an die Wände. „Stadtrat und Banken
reichen sich die Pranken", „Haut den Bossen auf die Flossen"
und so weiter. Pensionsansprüche gegenüber dem Klassen-
feind wurden erst später geltend gemacht. Schon damals ir-
ritierte mich allerdings, daß selbst ortskundige Revolutionäre
nicht wußten, wo man in Freiburg ein ordentliches Cordon
bleu bekommt.

Himbeeren und Heideggers Hütte: Adriana, meine damalige
Freundin und Kommilitonin war Italienerin. Ihr Vater hatte

ihr ein neues Appartement in der Innenstadt angemietet. Die Kinder vermögender Eltern waren in den späten 70er Jahren in Italien latent bedroht. Proletarische Liebhaber, Schutzgeld, Entführung, Brigate rosse und so weiter. Adriana wohnte mit ihrer Freundin Elisabetta über den Dächern der Altstadt. Espressomaschine mit Wasseranschluss, Aufzug, Gegensprechanlage.

Elisabetta brachte immer Kekse von zuhause mit. Ihr Vater besaß ein Keksimperium und Beteiligungen an Autobahnen, er war Kapitalist. Adrianas Vater besaß nur ein paar Fabriken, er war Fabrikant. Kapitalistentöchter hatten es damals an einer philosophischen Fakultät nicht leicht, es drohte Sippenhaft. Andererseits hielten die Barrikadenkämpfer Adrianas hüftlange Pullover für Second-Hand. Kaschmirteile waren damals in Freiburg nicht üblich und ich wußte nicht, was sie in Italien kosten. Zur weiteren Tarnung nutzte Adriana eine riesige Sonnenbrille und ihr Deutsch. Wen sie nicht mochte, den verstand sie nicht.

Adriana studierte, weil sie wissen wollte, ob ein Sieg der Arbeiterklasse historisch zwangsläufig ist. Nach einem Semester sagte sie zu mir: „Lass' uns mehr in den Schwarzwald fahren". Wir suchten Heideggers Hütte in Todtnauberg, aber natürlich interessierte uns das Hüttle nur am Rande. Wir zogen über blühende Weiden, pirschten durch Himbeerschläge, sammelten Blaubeeren und vesperten auf den Stämmen frisch geschlagener Tannen. Wir kehrten ein, wo es uns gefiel. Adriana bestellte fast nur Kuchen. Am liebsten Apfelkuchen. Sie sagte: „Ich verstehe eure Küche nicht." Nachdem wir das erste mal längs und quer durch Italien gefahren waren, verstand ich die deutsche Küche nicht mehr.

Karpfen und Simsalabim. In unserem Institut gab es kein Versteck. Nach zwei Semestern kannte jeder jeden. Ein kleines Institut ist wie ein Terrarium, wer sich bewegt, fällt auf. Manche saßen nur da, sie studierten wie unter einer Wärmelampe.

Heideggers Hütte in Todtnauberg

Nach den Abendseminaren zogen wir in kleinen Gruppen stadteinwärts. Vorbei am gut sortierten Kiosk an der Ecke zur Lorettostraße, den es heute noch gibt. Am Kiosk holte ich manchmal eine Neue Zürcher Zeitung. NZZ lesen war damals so ähnlich wie heute rohes Fleisch essen. Von der Lorettostraße gingen wir vorbei am Edeka-Vorgänger Gottlieb in die Kirchstraße. Das Gasthausschild vom Karpfen hängt noch, das Lokal ist aber längst geschlossen. Heute ist die Kindergruppe *Simsalabim* im Haus. Im alten Karpfen konnte man jugoslawische Spezialitäten bestellen, bedeutend rauchen und Bier trinken. Wer die mit den offenen Parkas provozieren wollte, ließ sich nach ein paar Halben Bier mit dem Taxi in die Stadt bringen.

Nach einem Jahr trank Adriana den ersten Badischen Wein. Wir saßen oft auf ihrer Dachterrasse, manchmal kam noch Elisabetta dazu, mit Gebäck von zuhause, die Abende gingen oft länger. Jedenfalls erschien die Sonne immer links vom Münsterturm. Ein Studium Generale war im Magisterstudium integriert. Auch dafür bin ich allen Beteiligten dankbar.

Suppe ist Emotion

*Im Großen Meyerhof gibt es Nudelsuppe,
mit oder ohne Rindfleisch, mit oder ohne Tischgespräch.*

Nudelsuppe im Meyerhof

Gegen die Unwirtlichkeit einer Stadt hilft Suppe im Gasthaus. Nur, wo gibt es vor lauter Schaumsüppchen noch eine Fleischbrühe? Im Meyerhof in der Freiburger Grünwälderstraße gibt es den ganzen Tag über Suppe, nicht vegan, nicht geschäumt, aber mit Mehrwert. Als Beilage kommt ein warmes Aufgehobenheitsgefühl, so ähnlich wie früher in der Bahnhofsrestauration, 1. Klasse.

Die eng gestellten Tische im Freien längs der Fußgängerzone sind eher etwas für Tagestouristen. Seine Wirkung entfaltet der Meyerhof nur drinnen, hinter dem bodenlangen Wollvorhang am Windfang, der wie eine Schranke wirkt: draußen rauhe Welt, drinnen Gastwirtschaft, ein Humanversteck. Dunkles Holz, gedämpftes Licht, lange Tische zum Geselligsein, Ecken zum Alleinsein. Auch Zeitung lesen oder Leute Maß nehmen geht hier gut.

Je nach Tageslauf kommen Gäste aller Stände; dazwischen wuseln Serviertöchter, die nicht diskutieren, sondern flott servieren. Die robuste Karte ist volksnah in Angebot und Preis. Suppen und kleine Küche gibt es durchgehend. Gäste auch ziemlich durchgehend, vom frühen Bier bis zum späten Rotwein. In unserer an Beratern nicht armen Zeit, gibt es Auszeitcoaches, die einem dabei helfen, den Notausgang im Laufrad zu finden. Manchmal hilft eine warme Suppe schneller. Wenn es mehr Meyerhöfe gäbe, wäre das Leben etwas einfacher.

Großer Meyerhof, 79098 Freiburg-Innenstadt, Grünwälderstraße 1, Tel. 0761-3837397 (vgl. auch S. 48).

Lachnummer oder Freiburger Wunder?

*Deeskalation auf dem Augustinerplatz:
wenn die Säule rot anläuft, wird es Zeit zum Heia gehen.*

Der Müll, die Stadt und der August

An einem lichten Tag ist der Augustinerplatz einer der schöneren Plätze der Altstadt. Rund gelaufenes Pflaster, historische Fronten, Augustinermuseum, Cafés und der Feierling Biergarten gleich ums Eck, ein Salon unter freiem Himmel. Aber wehe, wenn die Sommernacht ausbricht – und Sommer kann in Freiburg bekanntlich immer sein. Dann ziehen eben nicht nur kultivierte, also höfliche Bürger, sondern auch marodierende Kohorten gen *August*. Darunter MitbürgerInnen, denen ihr bloßes Dasein eine Last ist. Man schlurft und hängt ab.

Für aufrichtige Landfahrer müssen all die sozialversicherten Hobbylibertins eine Provokation sein. Mit filzigem Pelz und kläffenden Tölen belagern sie einen öffentlichen Platz. Im Publikum gerne auch der unvermeidliche Austauschstudent mit Klampfe, sowie Jule aus der Vorstadt, die an der Freiheit schnuppern möchte.

Das Diktat der Lauten. Mitglieder des Toleranzgewerbes, die ihrerseits gerne verkehrsberuhigt residieren, halten den innerstädtischen Tumult für mediterran und kommunikativ. Freiburg sei bunt, weltoffen und so weiter! Eine Zusammenrottung von Halbstarken, die Pizza aus Klappschachteln nagen, vorglühen und mit ihrem Gegröle Anwohner um die Nachtruhe bringen, ist aber das Gegenteil von mediterran. Das Treiben des Pöbels zu tolerieren, ist auch nicht liberal, sondern ein Zeichen mangelnder Zivilcourage. Die Okkupation des öffentliches Raumes durch Eventismus und rück-

Realsatire für 8000 Euro – Solar Hai auf dem Augustinerplatz

sichtslose Minderheiten wird – nicht nur am Augustinerplatz, sondern auch im Colombipark, längs der Stadtbahnbrücke in den Stühlinger und an anderen prekären Plätzen – von öffentlicher Seite nicht nur toleriert, sondern auch noch als Kommunikationskonzept bemäntelt. Schämt Euch!

Solarhai und Toleranzsäule. Die halbherzigen Befriedungsversuche der Stadt wirken wie eine Realsatire. Eine Zeit lang redete ein öffentlich finanziertes „Infoteam" den Randaleuren am Augustinerplatz allnächtlich gut zu, „seid bitte artig und übergebt Euch ins Bächle." Als flankierende Maßnahme beschloß ein runder Tisch von Randgruppenverstehern die mittlerweile legendäre »Säule der Toleranz« zu installieren, natürlich mit Steuergeldern. Ein einzigartiges Monument, das im Lauf des Abend seine Farbe verändert, je röter, desto mehr wird es Zeit zum Heia gehen. Solche Lachnummern können sich nur tarifentlohnte Toleranzheinis ausdenken.

Wie zu erwarten avancierte die irre Säule bald zum Partytreff der Intoleranten, sie wird beschmiert und beschädigt. Allein die Reinigungs- und Reparaturkosten betragen mehrere

Black Power – auf dem Augustinerplatz

tausend Euro pro Jahr, die Kosten für das Offenhalten der nahen Toiletten über 20.000 Euro. Damit nicht genug, die Möblierung des Platzes wurde erst 2016 nochmals verbessert: um eine High-Tech-Mülltonne namens *Solar Hai*, Stückpreis von 8000 Euro. Der Hai schluckt, sofern das Partyvolk ihn denn füttern mag, den Unrat und preßt diesen – jetzt kommt's – mit gespeicherter Sonnenenergie zusammen. Solarbetriebenes in die Tonne treten, wieder ein kleines Freiburger Wunder, oder eher ein Fall für den Bund der Steuerzahler?

Zusammenfassung der Zustände am Augustinerplatz: der jahrelange Kuschelkurs der Stadt brachte bislang wenig außer Frust und Kosten. Lärm und Randale haben eher zugenommen, einzelne Anwohner flüchten entnervt, was man auch staatlich tolerierte Enteignung durch Nichtstun nennen könnte. Man trifft sich dann und wann vor dem Verwaltungsgericht, welches eine außergerichtliche Schlichtung vorschlägt. Ein Mediator mehr und alle Fragen offen.

Die Wiehre, ein großer Salon

Der Oktober glänzt golden, Radfahrer kreuzen,
aber selten kommt ein fröhlich wehender Rocksaum in Sicht.

Wiehre Mitte

„Man wird überspült von der Eile der anderen, es ist ein Bad in der Brandung." Die Stadtspaziergänge des Flaneurs Franz Hessel erschienen im Jahr 1929, zu einer Zeit, als die Brandung in Berlin immer heftiger wurde. In der Freiburger Wiehre ging es nie so hoch her. Heute nicht, damals nicht. Vor gut hundert Jahren bauten wohlhabende Großstadtmüde repräsentativen Villen an den Rand des Schwarzwaldes. Das Flanieren durch ihren verkehrsberuhigten Nachlass ist kein Bad in der Brandung, es geht eher in Richtung wohl temperierter Salon. Vergnüglich ist es trotzdem.

Baumscheiben und Luftzapfsäulen. Das kleine Glück in unserer Straße heißt jetzt Guerilla-Gardening. Auch in der Brombergstraße werden die Baumscheiben liebevoll betüddelt. Dazu paßt der Fahrradladen *Bicicletta* im Haus Nr. 17 mit integrierter Cafébar und Wohnzimmeratmosphäre – man geht raus und bleibt doch unter sich. Jeder Kiez hat Echoräume, im Freiburger Westen sind es Spielotheken, in der Wiehre gehört das sonore Brummen einer Siebträgermaschine zum guten Ton.

Um's Eck in der Erwinstraße noch ein Fahrradladen, diesmal mit Outdoor-Luftzapfsäule. Selbst aufblasen gratis, mit Service ein Euro. Zwischen blühenden Baumscheiben und der Luftzapfsäule liegt eine in Freiburg weltbekannte Bäckerei.

Über diese Brücke sollst Du fahren – Luisensteg in die Wiehre

Das tägliche Brot bei *Bühler* gilt im Kiez als Soulfood (vgl. S. 249). Anstehen gehört zum Ritual, manche Kunden warten, als würden Hostien ausgegeben.

Homo Wiehre und Lavendelsammler. Prächtige Gußeisengeländer schmücken veredelte Altbauten, in denen Bewegungs-, Medien- und IT-Dienstleister praktizieren, auch diverse Agenturen für Gesundheitspanik gehören zu den Schlüsselbranchen des Stadtteils. Dazwischen schmucke Fahrradgaragen, Krabbelgruppen, Mausezahn, Weltentdecker, Simsalabim. Ein Großvater aus dem Schwarzwald meint zu den Stammesritualen auf dem Wiehre-Wochenmarkt: „Manche Mütter sind richtig stolz, wenn ihre Kleinen in die Hose machen."

Noch in der Brombergstraße, nähe Erwinstraße, begegnet mir ein *Homo Wiehre* in freier Wildbahn. Männlich, reiferen Alters, im schlammgrauen Tarnkleid gelassen sein Revier abschreitend, dabei am Vorgartenzaun herbsttrockene Lavendelblüten sammelnd. Blüten, die in ein Leinensäckchen gefüllt, vielleicht für eine frische Brise in einer vererbten Kommode sorgen.

Sanftes Balzritual – Boule am alten Wiehre Bahnhof

Der Oktober glänzt warm und golden, Radfahrer kreuzen, aber kaum ein fröhlich wehender Rocksaum in Sicht. Liebste Wiehre, ich habe fünf Jahre mit Dir verbracht. Aber wo sind all die Frauen, die ihr Lieblingskleid nicht nur heimlich vor dem Spiegel tragen?

Pfandgläser und Statement Fahrräder. Im Zentrum des Behagens liegt der alte Wiehre Bahnhof, hier gedeiht das Wesen des Viertels wie in einer Petrischale, in Reinkultur. Wo sonst gibt es im äußersten Südwesten der Republik eine so konzentrierte Doppelverdiener- und Früherbenidylle? Das Boulespiel auf dem Vorplatz des alten Bahnhofs erscheint wie ein Balzritual von Frührentnern.

Einmal trat inmitten des Markttreibens ein Männerchor zum freien Singen auf. Notenzettel wurden verteilt, Passanten zum Mitsingen animiert, was nicht jedem zusagte. Einer aus dem Umfeld der Boulespieler mokierte sich: „Wir wollen hier nicht singen, wir wollen in Ruhe spielen." Glücklich die Stadt, in der solche Konflikte ausbrechen. An einem sonnigen Nachmittag um vier Uhr.

Rolls trifft Zweirad – Nahverkehr vor dem Wiehre Bahnhof

Mittwochnachmittag und Samstagvormittag ist hier ein Wochenmarkt, ein außergewöhnlich beschickter Markt. Mit guten Produkten, ebensolchen Menschen und einem Strauß korrespondierender Riten. Pfandgläser für Bio-Yoghurt, Statement Fahrräder, aus schwarzen Satteltaschen ragen Bio-Lauchstangen. Englische Disziplin beim Anstehen vor dem Wagen der Wursterei und Fleischerei Dirr. Stolze Mütter, die ihre Kinder wie eine weiße Massai tragen.

Reflexion und Nabelschau. Vor dem Sankt Christopherus Kindergarten wartet ein Kindsvater im Rolls Royce, die allermeisten Eltern verkehren im Kiez aber dezenter. Mit Zweit-SUV, Zweirad oder in Fußbett-Sandalen.

Orthodoxe Wiehrebewohner schätzen den herben Charme des Selbstbedienungscafés im alten *Wiehre Bahnhof*. Besonders während der Marktzeiten am Mittwochnachmittag und Samstagvormittag wird der Platz davor zum Quartierstreff. Draußen eine Art Freigehege, drinnen eher Wartesaalatmosphäre, schlichter Thekenservice und Gäste, die ein Leben an langer Leine genießen. Eine Bühne für Reflexion

Ziegenkäse und Milchschaum – am alten Wiehre Bahnhof

und Nabelschau. Geschenkt, wenn die Tugenden eines Kaffeehauses allenfalls beiläufig gepflegt werden. Es gibt Milchschaum aus dem Schwarzwald und Roten aus der Mancha. Ein Cordhosenpädagoge erledigt Aktiengeschäfte am Laptop, bevor er wieder zur taz greift.

Allen Neufreiburgern und Eindringlingen, die ein großes Freiburger Wohnzimmer sehen wollen, sei der Platz zur Beobachtung dringend empfohlen. Rund um den alten Wiehre Bahnhof kann der wundersamen Leichtigkeit des Seins nachgespürt werden. Mehr Kiez als am Mittwochnachmittag zwischen Ziegenkäsestand und Bahnhofscafé geht nicht.

Manchmal ist mir aber mehr nach der warmen Südwand vor Omas Küche, eine Mischung aus Wartesaal und Mirador. Man kann dort fast rund ums Jahr lauschen, staunen und sich wundern. Das Angebot der Hedonistenkantine reicht von Leberle mit Brägele (immer Dienstags) bis Karotten-Aprikosencurry. Am Tisch neben mir sitzen zwei junge Frauen, die eine sagt: „Ich könnte im Winter wieder nach Hawaii. Immer nur Kiten, ich weiß nicht so recht."

Volksbad, Damenbad, Lorettobad

*In der Saison 2016 gab es am Kiosk
noch Schinkenweckle und Wienerle.*

Lorettobad

Der Alt-Freiburger Formation *Diese Wunderbare Band* verdanken wir einen so programmatischen wie denkwürdigen Satz zum Lorettobad: „Wir fordern mehr Gender und weniger Chlor." Unter den städtischen Freibädern hat das *Lorettobad* seit jeher den Sonderstatus eines sorgsam gehüteten Relikts. Lange Jahre überdauerte die Badeanstalt in der Unterwiehre mit ihrer nostalgischen Holzkabinen-Stimmung, mit Nußbaumschatten und lokalen Eigenheiten, wozu seit 1902 das separate Damenbad gehört, gehörte.

Weniger Idylle, mehr Gender. Nach und nach kommen die Einschläge aber auch in der Unterwiehre näher. Im gemischtgeschlechtlichen Teil des Bades steht nun ein Neubau extrem dicht am Kopfende des Schwimmbeckens. Seither sieht jeder, daß Baugrenzen auch in der Wiehre einem beachtlichen Wandel unterliegen.

Zum anderen wurden dem Damenbad einige neue Besucherinnen geschenkt – um es mit den unvergessen deplazierten Worten von Frau Göring-Eckardt auszudrücken. Darunter waren auch einige besonders taffe Muslimas aus der Metropolenregion am Upper-Rhine-Valley, die das kleine Damenbad entdeckt und gruppendynamisch bereichert haben. Das Ver-

Multikulti am Hölderlebach – Loretto-Damenbad

halten der uns Geschenkten führte leider zu Irritationen im Kulturkreis jener Damen, die schon etwas länger hier baden.

Wienerle und Wasserpfeifen. Begünstigt wurden die Reibereien durch die Indifferenz (vulgo: Feigheit) einer Stadtverwaltung, die nicht willens war, Badregeln durchzusetzen. Ein klein wenig Domplatte in der Mittelwiehre und das auch noch unter Frauen, Frauenbeauftragten und Migrantinnen. Mehr Minenfeld geht nicht, mag da mancher Beigeordnete gedacht und geschwiegen haben. Für die Zukunft ist mehr Konsequenz angekündigt, man darf gespannt sein, wie die berüchtigte Freiburger Lösung im Fall Lorettobad aussieht.

Abseits der Disruption im Damenbad geht es auf der gemischten Bühne im Lorettobad etwas entspannter zu. Zwar haben auch hier größere Familienverbände und kräftiger pigmentierte Besucher zugenommen. Die eine oder andere Wasserpfeife qualmt friedlich vor sich hin; zumindest in der Saison 2016 gab es am Kiosk aber noch Schinkenweckle und Wienerle (die vorerst noch so heißen dürfen).

Völkerverbindender Friede auch an den Tischtennisplatten,

Am schönsten vor Einbruch der Massen – Lorettobad

an denen öfter mal auffallend gute Spieler stehen. Sport verbindet eben und ein satter Topspin wird immer respektiert. Ansonsten lassen sich gerade auch im Lorettobad – wie überall im kollektiven Freizeitpark – die Chancen der Schwarmdummheit nutzen. Wer vor oder nach Einbruch der Massen kommt, kann dort nach wie vor entspannte Zeiten haben.

Blau machen im Umland: Zum Weiter-raus-Schwimmen gibt es im Raum Freiburg nur die autobahnnahen Baggerseen am westlichen Stadtrand – es fehlt das große Wasser. Leider sind diese stadtnahen Seen im Westen oft überlaufen, zudem neigt die Grill- und Clankultur auch in freier Wildbahn nicht zu mehr Höflichkeit. Manche Badeplätze wirken wegen fehlender Einrichtungen tendenziell vermüllt, etwa der Baggersee bei Niederrimsingen.

Beliebt im Nahbereich Freiburgs bleibt der große *Opfinger See,* nördlich der Opfinger Straße und nahe der Autobahn. Das Gewässer liegt einigermaßen idyllisch, Wald und Gras reichen an einigen Stellen bis ans Wasser – unter der Woche ist genug Platz, nicht aber zur Ferien- und Kernfreizeit. Obacht:

Entspannter Badplatz – am Nimburger See

An Wochenenden reicht selbst die Riesenfläche nicht, um das Heer der Griller und Chiller aufzunehmen.

Rimsingen: Der beliebte Baggersee bei Niederrimsingen (die sog. *Schweinebucht)* bietet: Kiesstrand, klares Wasser, aber wenig Schatten und gegen Ende der Saison Unrat, zudem wenig Parkplatz, dafür wäre eine Anfahrt mit dem Rad möglich. Mittlerweile ist der See eher ein Treff für Freiburger Mittel- und Unterschichten, sowie für das tiefergelegte Umland, plus Gäste aus dem Elsaß. Gebadet wird auch im Lichtkleide, abends auch Gelage und andere Grobheiten. Wegen des Kiesstrandes und der großen Brachflächen herber als der Opfinger See.

Nimburg und Wyhl: Bei höheren Ansprüchen an den Badekomfort lohnt sich eine Fahrt nach Norden zum Badesee bei *Nimburg* (AB-Abfahrt Teningen-Nimburg). Dort wartet, gleich nach der Ausfahrt, nördlich der L 114 nach Nimburg, ein relativ gepflegtes Terrain mit *Kioskbetrieb* und angelegtem Parkplatz (gegen geringe Gebühr) sowie müllfreien Liegewiesen. Da am See schon lange kein Kiesabbaubetrieb mehr läuft, sind einzelne Uferpartien renaturiert, der Seegrund ist

Wasser klar, Himmel blau – am Baggersee in Hartheim

dunkel-moorig, das Wasser auffallend warm und sehr weich. An Sommerabenden ein passabler Flaschbier-Hangout am Kiosk. In der Summe einer der akzeptablen naturnahen Badeplätze bei Freiburg (im nördlichen Bereich ziemlich gleichgeschlechtliche Stimmung). Angenehm und ländlich ruhig auch der Badesee an der L 104 zwischen Sasbach und Wyhl am Kaiserstuhl, vgl. dazu das Kapitel Umland West.

Hartheim (der See westlich der Autobahn, nächst beim Rhein gelegen). Zufahrt: von der Landstraße 134 Hartheim - Grezhausen ca. 300 Meter nördlich der Autobahnbrücke links abzweigen (Schild Rg. Sonnenhof), noch *vor* der Schranke parken, weiter in ca. 10 min zu Fuß bis zum See (die Schranke wird geschlossen!). Es findet noch Baggerbetrieb statt, am Seeufer gibt es kleinere, eigens ausgewiesene Badeflächen und Platz in unterschiedlichen Biotopen zwischen Grobkies, Sand und Weidenschatten. Schöne Anfahrt mit dem Fahrrad über Breisach und dann über den Rheinuferweg weiter nach Süden möglich, was schon in Richtung kleine Radtour ginge.

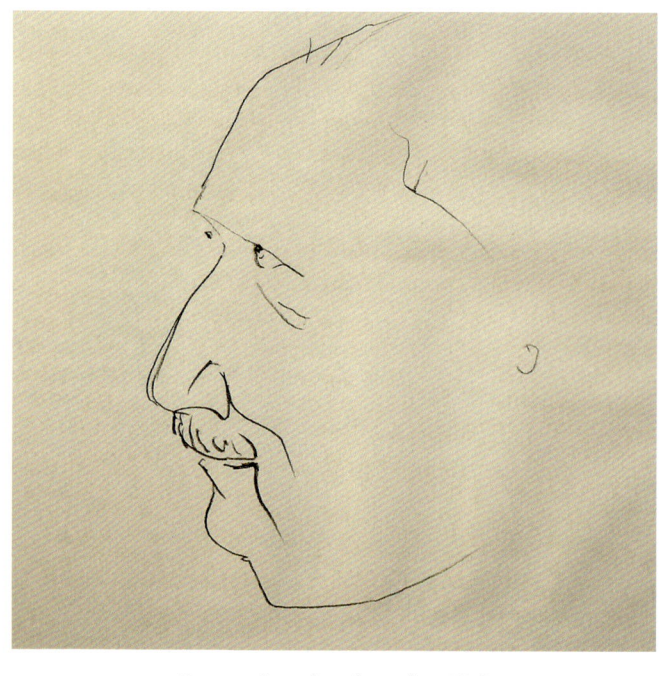

„Nur wo Sprache, da waltet Welt"
Martin Heidegger

Sprachreinigung

Aus Studenten werden Studierende. Freiburgs Studentenwerk heißt Studierendenwerk. Radfahrende werden in Freiburg an einem Checkpoint am Konzerthaus erfaßt und in eingespartes Kohlendioxid umgerechnet. Angesichts solcher Fortschritte ist es unerträglich, daß Freiburgs amtliche Sprachreinigung die Einwohner der Stadt noch nicht zu Einwohnenden gegendert hat. Auch der Mörder ist ein Resultat diskriminierender sozialer Zuschreibung. Geschlechtergerechtigkeit gilt universal, sie verlangt nach Mordenden, Vergewaltigenden und Kaminfegenden. Der neue Mensch strahlt im dritten Geschlecht.

Keine Satire. Ein wissenschaftlich geschultes Sondereinsatzkommando hat 2016 alle 1300 Freiburger Straßennamen auf historische Altlasten peinlich genau inspiziert und belastendes Material in erschreckendem Umfang entdeckt. Von Johann Fichte über Martin Heidegger bis Carl von Linné besteht Säuberungsbedarf. Und wir wären nicht in Deutschland, wenn dieser nicht präzisiert würde: Hindenburg, Heidegger und Leni Riefenstahls treu ergebener Kameramann Sepp Allgeier gehören zu den Schwerbelasteten der Kategorie A. Solche Subjekte sind von Freiburger Straßenschildern zu tilgen. Die Komponisten Wagner und Strauss gelten dem SEK-Straßenname als minderbelastet (Kategorie B), sie werden mit erklärenden Hinweisen versehen.

Das Säubern hat in Deutschland Geschichte, zumindest das haben die Enkel gelernt. Mal schauen, wer demnächst dran ist. Mit Billigung des Gemeinderates, begleitet von einem runden Tisch Evaluierender.

Ehret, lobet und preiset neue Götzen!

Im Sonnenschiff gibt es grünes Geld für gute Menschen.

Straße der Utopien

Architektur reflektiert Gegenwart, heißt es. Wenn das so ist, dann könnte die Merzhauser Straße auch Sonnenallee heißen, oder Straße der Utopien. Die Sonnenallee beginnt am südlichen Rand der Stadt und ihre Bebauung zeigt dem Ankömmling wie Freiburgs neue Kathedralen aussehen. Zur Linken erhebt sich zunächst eine repräsentative *Solargarage*, dahinter das *Green City Hotel*. Rechter Hand grüßt gleich hinter dem Freiburger Ortsschild ein langer, bunter Riegel. Früher hieß so etwas Baublock, heute *Sonnenschiff*. Mehr moralische Nachverdichtung geht fast nicht, in Freiburg aber schon.

Bunte Häuser, nette Träume. Im Sonnenschiff ist ein Super-Natur-Markt, ein Öko-Institut und eine korrekte Bank. Dahinter liegt die sogenannte *Solarsiedlung* um die Rosa-Luxemburg-Straße, die mehr Gässchen als Straße ist. Es gibt dort keine öffentlichen Parkplätze, aber bunte Häuser und einen Mikroimker. Sicher auch nette Träume, von denen man nicht weiß, was Rosa Luxemburg von ihnen gehalten hätte.

Am Sonnenschiff verspricht die GLS-Bankfiliale hoch und heilig „Grünes Geld". Vielleicht tauschen sie dort auch braune fünfzig Euro Noten in grüne Hunderter um. Grünes Hotel, Grünstrom, Grüngeld. Beim zeitgenössischen Greenwashing kommt mir immer der Migrant und Realist Marcel Reich Ranicki in den Sinn: „Anständige Menschen arbeiten des Geldes wegen; unanständige wollen die Welt verändern und die Menschen erlösen."

Alles auf öko – Sonnenschiff an der Merzhauser Straße

Zukunft oder Zweiwortlüge? „Ein Bio-Supermarkt ist für mich das gleiche wie Dammwild, ein Widerspruch in sich" – sagte mir mal ein Ökowinzer. Auf der Freiburger Sonnenallee gibt es keine Widersprüche, sondern Erlösung. In der Solargarage können Sünder ihren Verbrennungsmotor korrekt abstellen und gegenüber im Supermarkt internationale Bioware mit grünem Geld bezahlen.

Weiter stadteinwärts wird die begrünte Stadtbahntrasse von einem prächtigen Sandstein-Trockenmauerbiotop gen Stadtmitte flankiert. Komforttrasse, Ausgleichsmauer und Fahrradspur verweisen den aussterbenden Kraftfahrer auf die Ränge, respektive vor die rote Ampel zum Mobilitätsfasten. Das entschleunigt und schenkt Zeit zur Betrachtung reflektierter Gegenwart.

Rechterhand zunächst das Haus der Bauern. Der spektakuläre Holzbau der Werkgruppe Lahr wurde 2013 eröffnet. Innen viel Tanne, Licht und 2.300 Quadratmeter Bürofläche, außen Fichte und eine vorgehängte Fassade aus Glasquadraten. Die sichert der Geschäftsstelle des Badischen Bauernverbandes

Großer Wartesaal – Begehrendenunterkunft am Schlierberg

höchste Energieeffizienz. Oder so: Eine Interessenvertretung im modernen Passivhaus verwaltet unter manch anderem Maiswüsten und energieintensive Sonderkulturen.

Grünes Geld, neue Moral. Wenig später blickt der Ankommende auf einen alten Weinberg der Stiftungsverwaltung. Über einer imposanten Eidechsen-Trockenmauer, die als Ausgleichsfläche für den Stadtbahnbau projektiert war, erhebt sich seit 2016 ein Ensemble für 300 Asylbegehrende. Auch hier moderne Holzmodulbauweise in durchaus flotter Anmutung. Allenfalls von Wohnraumbegehrenden mit gültigen Ausweispapieren hört man die Frage, warum am schönen Schlierberg Jahrzehnte lang nicht gebaut werden durfte und dann plötzlich ratz-fatz. Aber so ist das Leben, wo neuer Glaube wächst, wachsen neue Chancen. Ein Ansturm, den man nicht so nennen darf, hat zumindest der deutschen Baubürokratie Flügel verliehen.

Architektur reflektiert die Gegenwart. Zur Gegenwart gehören Heilsversprechen und neue Bethäuser. Links und rechts der Merzhauser Straße leuchten einige davon besonders hell.

Utopia oder Besserungsanstalt?

Betreutes Leben im Passivhaus

Festung Vauban

Im Freiburger Stadtteil Vauban sind die Planstellen für Götzen verteilt: Gebenedeit seien erneuerbare Energie, integrative Tanztherapie und konstruktive Konfliktberatung. Nachwachsende Fair-Jeans, wasserfarbenlasierte Bollerwagen und handgeschlagene Erzeugertannenbäume zum Weihnachtsfest komplettieren eine Welt, in der Vokabeln aus dem Moral-Duden zur Umgangssprache gehören. Die Grüne Direktkandidatin hat im Wahlbezirk Vauban bei den letzten Landtagswahlen 62 % der Stimmen geholt – Parallelgesellschaften gibt es nicht nur in der Dortmunder Nordstadt.

Von Populisten wird das Quartier als grüne Besserungsanstalt diffamiert, andere fühlen sich angesichts der straffen Verhaltenskontrolle gar an Orwells Ozeanien erinnert. Die knapp 6.000 Bewohner des klimafreundlichen Wolkenkuckucksheims sind gegen solche Anwürfe immun. Man wähnt sich im Vauban unter Auserwählten, ebenso wie jene internationalen Besucherdelegationen, die das ehemalige Kasernenareal zum Wallfahrtsort des guten Lebens erklärt haben.

Heimgekehrt können die Lobbyisten dann powerpointen und runde Tische bevölkern. Vom Klima vor Ort, vom sanften Tugendterror der ökologisch Illuminierten werden sie nicht berichten. Interessant wäre auch, welchen Wohnstil der weltweit tätige Moraljetset persönlich bevorzugt. Der Architekturkritiker Niklas Maak fragte dazu in der FAZ: „Man würde gerne

Wasserfarbenlasierte Bollerwagen – Nahverkehr im Vauban

von den Planern und Erbauern dieser Niedrigenergie-Riegel, die auch Niedrigstästhetik-Riegel sind, wissen, ob sie selbst auch nur eine Woche in derartigen Trübseligkeiten wohnen möchten."

In der Festung. Die Stimmung vor Ort geht in Richtung betreutes Fasten im schadstoffsensiblen Biedermeier. Das zu sehen, ist durchaus einen Ausflug wert, andererseits wirkt manche Übung wie die weichgespülte Neuauflage einer alten Selbstkasteiungspraxis. Auswärtigen fällt sogleich ein Behelmungsgrad von Radfahrenden auf, von dem Überwachungsstaaten nur träumen können. Das Vauban Viertel ist Freiburgs kleinster Stadtteil mit der größten Glaubensgemeinschaft, straff organisiertes Bodenturnen auf 41 Hektar.

Kurios, daß der 1707 verstorbene Namenspatron von Freiburgs Vorzeige Stadtviertel zu Lebzeiten ausgerechnet als genialer Festungsbaumeister Karriere machte. *Sébastien le Prestre de Vauban* gilt als einer der ersten Architekten, der die praktische Vernunft zur Planung von Festungsbauwerken

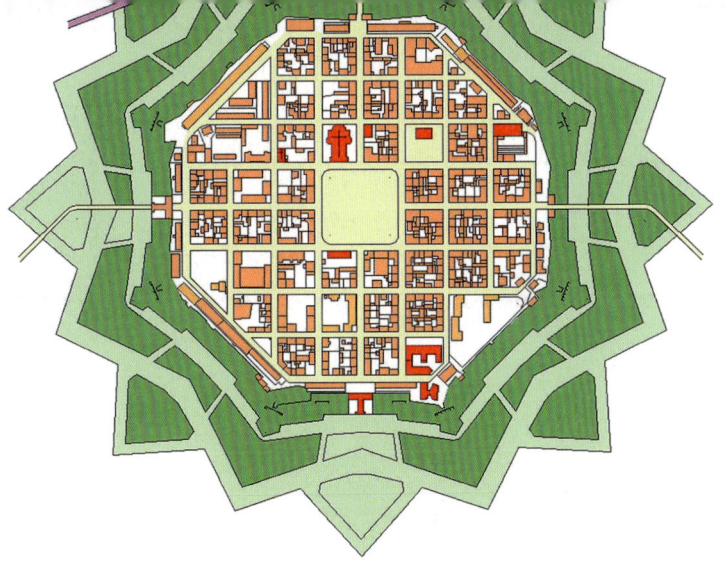

Ideal einer Festung – *Marschall Vaubans Bauplan für Neu-Breisach*

nutzte. Die Kunst der militärischen Verteidigung wurde unter Vauban zu einer exakten, mathematisch begründeten Wissenschaft. Die äußeren Verteidigungslinien seiner polygonalen Zitadellen wirkten wie spitze Wellenbrecher gegen die anrennenden Gegner. Diese mußten beim Sturm ihre geschlossenen Flanken zwangsläufig öffnen. Ein glänzendes Beispiel von Vaubans Baukunst läßt sich im nahen französischen Neu-Breisach besichtigen, wo die historische Struktur der Altstadt mit dem Befestigungsring noch bestens erhalten ist. Die Anlage ist Teil des Unseco Weltkulturerbes von zwölf französischen Vauban-Städten. Ob die Freiburger Konversion der ehemals französischen Vauban-Kaserne Chancen hat, das Unesco Erbe zu ergänzen, muß aus heutiger Sicht offen bleiben.

Der Marschall nutzte das Wissen der Aufklärung nicht nur zur Verbesserung der Festungsarchitektur, Vauban wollte auch die Gesellschaft reformieren. Mit einer Flat Tax von 10 Prozent für alle Bürger, sollte das Steuersystem des korrupten Pariser Hofstaates zu einem Instrument werden, das allen nutzt.

Bewegungsangebot – kreativer Kindertanz im Vauban

Vauban glaubte, mit Vernunft und Gerechtigkeit sei letztlich mehr und einfacher Geld einzutreiben, als mit obrigkeitlicher Willkür. Doch er scheiterte mit seinem aufklärerischen Ansatz, weil am überschuldeten Hof Ludwigs keiner die Realität zur Kenntnis nehmen wollte. Ähnlichkeiten mit heute lebenden Institutionen sind rein zufällig

Veganes Curry hinter Polystrolplatten. Wer an einem Mittwochnachmittag zum Vauban-Wochenmarkt schlendert, sieht den Formenschatz eines ökosozialen Schrebergartens, inklusive enger Verhaltenskontrolle. Im Anzug fühlt man sich hier observiert wie auf einer Grenzwache im Kaukasus. Das Café-Restaurant am Alfred-Döblin-Platz heißt etwas indifferent *Süden und mehr*. Es gibt dort eine geschützte Terrasse, sie taugt auch als Loge zum Beobachten eines Milieus, das Flammkuchen Toskana, Putensteak und „Vindaloo-Curry (vegan)" goutiert. Flugschriften einschlägiger Dienstleister liegen wie üblich am Eingang aus. Kindern wird das Klatschen, Schleichen und Stehen in Kursen vermittelt.

Gemeinschaftsangebot – selbstverwalteter Brotbackofen

Möglich, daß sich das Klima in der neuen Festung im Laufe der Zeit weiter aufrauht. Die im Vauban heranwachsende Generation, auch einige Secondos, pflegen nun mal einen anderen Umgangston als die Kuschelmuttis mit Bollerwagen.

Auch einige Details stimmen nachdenklich. Die optimistischen Farben der Hausfronten aus der Gründerzeit sind nach fast zehn Jahren Alltag ausgeblasst. Da und dort hat sich dämmtypische Patina aus Moos und Schimmel angesiedelt. Und wo steht eigentlich, daß das Verpacken von Blockbebauung mit Polystrolplatten-Sondermüll ökologisch ist?

Vernachlässigte Vorgärten, Scherbenzonen, Häuserfronten mit primitiven Tags und Sekundärlackierung gehören auch im Vauban zum sozialen Dialog. Immerhin, der prächtige Ofen der Backhaus-Initiative, 2008 eingeweiht und schon nach wenigen Jahren verkommen wie ein Hinterhof in Haslach, wurde aufgefrischt. Die Tür ist mit einer Eisenstange verschlossen, „um Beschädigungen zu vermeiden." Nichts gegen Experimente, aber auch fürs Vauban gilt: Auf dem Flug ins Unbekannte sollte man Treibstoffmangel rechtzeitig erkennen.

Pastete ohne Kassenhäuschen

Heart of the City oder Lebensversicherung für Illusionen?

Großes Theater

Zu den Langzeitwundern unserer Kulturlandschaft gehört das Stadttheater. Das ist in Freiburg nicht anders als in Dinkelsbühl. Wobei das Freiburger Theater, wie jedes der 150 öffentlichen finanzierten Theater, ein Besonderes ist und zwar seit seiner Geburt im Jahr 1905. Der Freiburger Autor Franz Schneller, in den 1920er Jahren Dramaturg am hiesigen Theater, spöttelte schon damals: „Bürgermeister Winterer setzte die riesige Pastete des Theaters in das Stadtbild, bei dessen Bau sehr ans Ausgeben, doch so wenig ans Einnehmen gedacht worden war, daß die Anlage von Kassenhäuschen ganz vergessen blieb."

Kassenhäuschen und Kassenbuch. Geld ist bis heute kein Thema am großen Haus. Warum auch, wenn die öffentliche Hand zu jedem Billet einen Zustupf gibt, der den Tagesverdienst manches Mindestlöhners übersteigt. *Herz der Stadt* steht oben auf der Pastete, die in Freiburg auch *E-Werk, Südufer, Stadtjubiläum* oder so ähnlich heißen könnte. Im kulturellen Komplex wird gerne genommen und selbstredend dient jeder Euro der Rettung des Abendlandes. Wer's nicht glauben mag, bekommt von den stadtbekannten Empörungskadern was zu hören. Kahlschlag! Barbarei! Oder man wird der Einfachheit halber gleich in die kulturfreie Ecke gestellt. Das Schlußwort zum Thema spricht ein alter Seher namens Sloterdijk: „Sie sagen Kultur, sie sagen Religion und sie meinen Lebensversicherung für Illusionen."

Herdern hat Vergangenheit

Früher Rebbauerndorf, heute Nobelstadtteil

Ost und west, drinnen und draußen

Es gibt ein Freiburg westlich und eines östlich der Bahnlinie. Freiburg ist zweigeteilt, mindestens. Eine Einladung in den Westen ist erklärungsbedürftig, eine nach Herdern, in die Wiehre, nach Günterstal oder auf den Lorettoberg ist es nicht. Im Freiburger Osten Residierende nennen die Weststadt auch *Freiburg-Ex*. Dabei waren die ersten Lagen von heute früher nur Viehweiden, Rebberge und Ziegeleien vor den Stadttoren.

Freiburg ist fußläufig, es ist ein anregendes Vergnügen, einzelne Stadtbiotope auf einer Wanderung zu erkunden. Markante Milieuwechsel in einer halben Stunde, das gibt es sonst nur im alpinen Gelände.

Cholera und Pensiopolis. Einen ersten Wachstumsschub erlebte Freiburg im Wirtschafts- und Baurausch der Gründerzeit. In den Jahren zwischen 1870 und 1900 verdoppelte sich die Einwohnerzahl der Stadt auf 60.000, zehn Jahre später waren es schon 80.000 Einwohner. Die frühe Migrationswelle war ökonomisch, aber auch sozial bedingt. Die würzige Luft der Schwarzwaldhänge sagte Privatiers und Industriellen aus dem Ruhrgebiet zu. Für Zuzug in den 1890er Jahren sorgte auch eine Cholerawelle in Hamburg und Bremen. Um der Epidemie zu entkommen, ließen sich wohlhabende Pensionäre und Militärs a.D. in der Wiehrevorstadt und an Herderns Weinbergen

nieder. Repräsentative Wohnhäuser und Stadtvillen wurden gebaut – die vielzitierte *Pensiopolis* entstand.

Schon damals sprachen Freizeitwert und Klima, die Universität und ein idyllisches Zentrum mit kurzen Wegen für Freiburg. Die überschaubare Stadt am Rand des Schwarzwaldes war attraktiv für ein Bürgertum geworden, das es gerne gemütlich hat. 1901 fuhr die erste elektrifizierte Straßenbahn von Herdern nach Littenweiler und vom Hauptbahnhof bis hoch in die Oberwiehre. Alle Haltestellen lagen damals östlich der Rheintal-Eisenbahnstrecke, am Schloßberg entstanden sonnige Promenaden, man sprach von einem Klein-Nizza.

Topographische Karte des „Großherzogthums Baden", 1844

Militärs in der Etappe schätzten den Waldsee und sein Wirtshaus in Richtung Littenweiler als Ausflugsziel, weil man dort
im Bootle rudernd entschleunigen konnte.

Aufzopfen und Absahnen. Otto Winterer, imagebewußter
Bürgermeister von 1888 bis 1913, ließ nach dem ersten Frei-
burg-Boom ein Rathaus mit Schlosskulisse, ein neues Kollegiengebäude und ein Großraumtheater errichten. Dessen
Imponierfassade könnte man auch als frühe Breisgauer Version vieler Nachfolgebauten sehen – in einer langer Linie bis
zur Gigantomanie postbürgerlicher Kulturhäuser. Wie andere

"Dörfer haben Dächer, Städte haben Türme."

Provinzfürsten hatte es Winterer mit der Höhe. Zwischen 1901 und 1903 ließ er die Stadttore Freiburgs mächtig erhöhen. Das zuvor 21 Meter hohe Martinstor wurde damals auf die dreifache Höhe hochgemauert. Das kompensatorische Streben Winterers bezeichneten Spötter schon wenige Jahre später als *aufzopfen*. „Dörfer haben Dächer, Städte haben Türme," entgegnete der visionäre Bürgermeister einer Stadt, die um 1930 die Großstadtgrenze von 100.00 Einwohnern erreicht hatte.

Innerstädtische Aufrüstung hin oder her, im bürgerlichen Milieu gehört der gebremste Schaum zu den Freiburger Wahrzeichen. Bis ins 20. Jahrhundert blieb Altherdern ein vorstädtisches Ackerbürger- und Handwerkerdorf mit angrenzenden Weinbergen, Pferdewiesen und Hasenställen in Hinterhöfen am Glasbach. Auf die Landwirte folgten Professoren. Die kleinbäuerliche Idylle längs von Sonnhalde und Eichhalde verwandelte sich in der Fruchtfolge in ein veritables Ordinarienhabitat. Spätestens seit der Jahrtausendwende konnten sich aber auch im ehemaligen Hochbildungsviertel Herdern neue Gesellschaftskreise etablieren. Vom Hochstapler und Kunstfälscher Beltracchi bis zum neuen Geldadel, Herdermer

Macht Sudhäuser zu Lofts – im Stühlinger

Hanglagen sind ein Filet, das allen schmeckt. In den letzten Baulücken folgt die Form freilich nur noch selten der Funktion oder gar der Anmut, sondern immer öfter der Rendite.

Stammtisch wird Szenekneipe. Westlich der Rheintalbahn entstand Anfang des 20. Jahrhunderts, noch unter Otto Winterer, ein neuer Stadtteil, der Stühlinger. Konsequente Blockbebauung, ein früh verdichtetes Proletarier- und Kleinhandwerkerrevier, in dem Arbeiter und Dienstleister für die bessere Gesellschaft im Osten siedelten. In den Eckhäusern der dreistöckig umbauten Karrees waren Läden und Kneipen. Die vor Jahrzehnten aufgegebene Löwenbrauerei sicherte die Nahversorgung mit Bier und Stammtisch.

Auf Arbeiterfamilien folgten Wohngemeinschaften, Stammtische wurden zu Szenekneipen, mancher Dachstock zum Penthouse. Auf dem alten Löwenbräuareal wurde die spätkapitalistische Parole ‚macht Sudhäuser zu Lofts' bereits vor Jahren Wirklichkeit. Längst sind die Altbauten im Stühlinger zu Gentrifizierungsobjekten geworden. Auch in der Klarastraße gibt es alles, was einen gelifteten Kiez ausmacht: Airbnb im

Bienenhotel und Airbnb – Klarastraße im Stühlinger

Hinterhof und Bienenhotels auf Fenstersimsen, vegetarischen Mittagstisch im kräftig ausgefegten Café Einstein, Lampenläden, Designagenturen.

Bunte Häuser, alte Sorgen: Vom Stühlinger aus gesehen, liegt der wilde Westen nicht vor der eigenen Haustür, sondern weiter draußen: links und rechts von Autobahnzubringer und Stadtbahngleisen. Haslach, Weingarten, Betzenhausen, Landwasser heißen die rauhen Jungs der Stadt. Schon 1986 gab es zur Veredlung des sozialen Wohnungsbaus eine Landesgartenschau im wilden Westen. Das nachgelassene *Seeparkgelände* schlummert seither vor sich hin. Wie es so geht, wenn vom Land ein Park verordnet wird. Unvergänglich bleibt allein die Liebe aller Theaterpädagogen zu Haslacher Hinterhöfen.

Nur im Westen ist noch Platz, nur hier kann der mittelgroße Wurf gelingen, neue Messe, neues Stadion, neues Leben. Die Hochhäuser in Weingarten und Landwasser wurden in einer sekundären Zuzugswelle von Rußlanddeutschen und Osteuropäern zur Bleibe für Menschen, die niemand auf der Liste hatte. In Weingarten haben mittlerweile 50 % der Einwohner

Unbehagen im Stühlinger

einen Migrationshintergrund. Die Hochhäuser dort wurden bunt angemalt, damit das Leben schöner wird.

Zur Jahrtausendwende kam das *Rieselfeld:* ein Reißbrett-Stadtteil für mittlerweile gut zehntausend Neu-Freiburger. Durchmischte Bauweise, Läden und Schule vor der Haustür, die Straßenbahn fährt aus der Stadt bis in die neue Mitte, die funktional alles, aber keine Mitte ist. Und wie immer, wenn soziale Mengenlehre am runden Tisch gemacht wird, ist der Ausgang ungewiß. Wenn an einem Sonntagmittag der Blues durch die Gassen pfeift, erinnert die Stimmung im Westen Freiburgs an Benidorm im Winter. Neue Stadtteile sind ein Langzeitexperiment mit offenem Ausgang. Eher unwahrscheinlich, daß sich die Mischung aus braven Familien, taffen Aufsteigern und Stadtteilpädagogen optimal einpendelt. Frei werdende Ladenlokale können immerhin für soziale Aufgaben genutzt werden.

Aktuell wird das Dietenbachgelände überplant (im historischen Plan an der Stelle *Hirschmatte).* Der Westen bietet Expansionsmöglichkeiten und bekannte Risiken. 2022 soll es losgehen, mit 5.500 Wohneinheiten.

Auf der Eichhalde

"Jeder wird zugeben, daß keine Linie anders gezogen werden könnte."
Konrad Guenther, Freiburger Natur-Büchlein

Blickkontakt

Das Titelbild der Freiburger Wunder zeigt eine Gouache von Johann Martin Morat. Der Standpunkt des Malers dürfte etwa dort gewesen sein, wo jetzt die Panoramabänke an der Eichhalde-Straße stehen. Noch heute erscheint einem Freiburg vom höheren Herdern aus betrachtet besonders idyllisch und friedvoll. Man muß da einfach mal hoch: Wintererstraße, Panoramahotel, Eichhalde heißen die Stationen einer Stadtrand-Promenade zum Staunen und Schweigen, Träumen und Vergessen. Auf einer Bank oberhalb der ehemaligen Weinberge sitzt oft jemand und macht genau das.

Das alte Jägerhäusle gibt es nicht mehr. Es lag am Waldrand über Herdern und war bis zu seinem Abriß 1971 eine beliebte Sommerfrische. Seither liegt das *Panorama Hotel Freiburg* an dem Aussichtsplatz. Das Hotel der Accor-Gruppe sieht zwar nicht aus wie ein Jägerhäusle, sondern wie ein Neubau aus den 70er Jahren. Der Blick auf Freiburg, Münsterturm und Schönberg ist aber immer noch einer der besten.

Eine Pause auf der Hotelterrasse wäre eine Option, falls man zum Kuchen nicht nur Sahne, sondern auch Distanz und Panorama schätzt. Die Stadt wirkt von hier oben selten unschuldig; unmittelbar hinter dem Hotel beginnen schattig-sommerfrische Waldwege.

Fast schon Meerblick – am Greiffenegg Schlößle

Für Passanten offen ist auch die Hotelsauna und das Hallenbad mit dem großzügigen Blick, an einem Wintertag ein wunderbares Stadtversteck. Zudem läßt sich der Platz praktisch ansatzlos aufsuchen. Handtuch und Bademantel gibt es an der Rezeption, Zeitungen ebenso, geöffnet ist an 365 Tagen im Jahr. Zum Akklimatisieren nach der Sauna gibt es im Foyer eine Bar mit Münsterblick. Freiburg aus der Halbdistanz hat auch seinen Reiz. (Tel: 0761-51030, accorhotels.com).

Freiburger Nizza: Zu den innerstädtischen Aussichtspunkten gehört der Schloßberg. Er bietet zwar keinen Meerblick, nach Südwesten zur Burgundischen Pforte hin, aber schon eine Ahnung davon. Zwischen Schloßbergring und dem 436 Meter hohen Schloßberg (Turm), liegen die beiden Panorama-Wirtsterrassen beim Dattler und am Greiffenegg Schlößle. Wie immer in solchen Publikumslagen kommt es auf die Gunst von Stunde, Wetter und Saison an.

Die Südpromenade oberhalb der Schloßbergreben über den Burghaldering bis rüber zum Hirzberg hat etwas Besonderes. Vor gut 80 Jahren schrieb der Freiburger Biologieprofesssor

![Blick vom Kanonenplatz über Freiburg]

„Mit Vergnügen setzt man sich auf Bänke" – am Kanonenplatz

Konrad Guenther dazu: „Es ist freilich bei vollem Sonnenschein auf dem Hirzberg immer warm, und mit Vergnügen setzt man sich auch im Winter auf die Bänke, sofern man welche vorfindet. Die Südstraße, die vom Kanonenplatz hierherführt, ist überhaupt das Freiburger Nizza."

Professor Guenthers Bitte, den Reiz der Promenade zu erhalten, ist heute noch aktueller als damals. Weite Partien von Freiburgs Nizza werden von Wald verschattet. „So sehr ich ein Freund der Bäume bin, an dieser Stelle wollte ich sie lieber missen. Welche Wohltat wäre es für Kranke und Genesende, sich an dieser die Wärme rückstrahlenden Bergwand durchsonnen zu lassen; Freiburg sollte sich die Gelegenheit, die so leicht keine andere Stadt bietet, nicht entgehen lassen!"

 Günstige Ausgangspunkte nahe oben genannten Panoramawege: In Herdern der Wanderwegweiser direkt am **Panoramahotel**, Wintererstraße 89, oder der Wegweiser **Rebberg-Herdern,** an der Eichhalde-Straße oberhalb vom Rebstück.

Innenstadt-Schlossberg: Wanderwegweiser an der Ostseite vom **Schwabentorsteg**, sowie 400 m oberhalb in Richtung Schloßberg am **Kanonenplatz** (vgl. auch S. 67).

„Jeder hält seinen eigenen Teich für einen Ozean."

Aus Schottland.

Meerblick

Wenn es um den Meerblick geht, darf man im Breisgau einer alten Seemannsregel trauen. „Um schöne Aussicht zu haben, blicke man aufs Meer und bleibe an Land." In diesem Sinne bietet Freiburgs nächste Umgebung reichlich Meerblick. Schon das Meer der Altstadt-Dächer vom Schloßberg aus betrachtet, wirkt zugleich beruhigend und anregend. Und genau das soll guter Meerblick auch tun: beruhigen und anregen.

Eine Frage der Fantasie. Ein vom Nebel geflutetes Dreisamtal, über den Wolken am Schauinsland, die Sonnenbänke auf der Holzschlägermatte, wogende Reben am Tuniberg – alles Meerblick, alles eine Frage der Phantasie. Das Restmeer ist für All-inclusive-Reisende.

Wenn die Sonne scheint, sitzen immer ein paar junge Leute auf dem Bogen der blauen Gußeisenbrücke am Hauptbahnhof. Dem Lauf der Bahngleise nachsehen, ist auch eine Art von Meerblick. Die meisten schauen von der Blauen Brücke übrigens nach Süden, Richtung Schönberg.

Zum Meerblick paßt keine Wegbeschreibung, sondern ein Gefühl. Zum Blick vom Münsterturm schrieb der Alt-Freiburger Franz Schneller: „Hier bringt das staunende Schauen alle Worte zum Schweigen."

Ortsverzeichnis

Albrechtenhof 145
Attental 144
Augustinerplatz 261

Berghauser Kapelle 71,72
Berghauser Matten 73
Bildstein, Wanderparkplatz 180
Blaue Brücke, Freiburg 303

Dietenbach 149
Dietenbachgelände 297
Dreisamtal 141
Dürrhöfe, Wanderparkplatz 186

Ebringen 74, 82
Eckleberg 180
Eduardshöhe 89,125
Eichhalde 299
Emmendingen 169
Emmendingen-Wasser 169
Erentrudiskapelle 127

Freiamt 175
Freiamt-Brettental 179,180
Freiamt-Keppenbach 181
Freiamt-Mußbach 183
Freiamt-Ottoschwanden 182
Freiamt-Reichenbach 178
Freiburg 16
Freiburger Riviera 66

Geiersnest 120,123
Geroldstal 149
Gerstenhalm 120, 125
Gerstenhalm, Parkplatz 90
Girsberg 153
Glottertal 157, 161
Günterstal 68
Günterstalstraße 253

Halde 110
Hartheim, Baggersee 275

Haslach 296
Herdern 199, 294
Heubuck, Horben 85
Hexental 71, 72
Hirzberg 301
Horben 85
Hünersedel 186

Ibental 146

Jägerhäusle 299
Jennetal (NSG) 83
Jesuitenschloß 69, 73

Kaibeloch, Parkplatz 167
Kanonenplatz 65, 301
Kapellenberg 131
Kappel 142
Kirchzarten 150
Kirchzarten/Burg-Höfen 151
Kreuzmoos, Parkplatz 186

Landwasser 199, 296
Langackern 85
Lehen 23
Lorettobad, FR 271
Luisenhöhe, Horben 87

Malterdingen 171
Merzhausen 21, 73
Merzhauser Straße 279
Münstermarkt 193
Münsterplatz, FR 26
Münsterturm 221

Nimburg 138, 274
Nimburger Baggersee 139
Nizza, Freiburger 301

Oberglottertal 163
Oberried 154
Opfinger See 137, 273

Pensiopolis 291
Platz, alte Synagoge, FR 243

Rieselfeld 199, 297
Rimsingen 274
Rotteckring, Freiburg 242

Sägendobel 165
Sägplatz, Freiamt 177
Schauinsland 105, 109
Schauinsland-Turm 102

Schloßberg, FR 65, 292, 300
Schönberg 71
Siegesdenkmal, FR 237
Solargarage, FR 279
Solarsiedlung, FR 279
Sölden 79, 81
Sonnenschiff, FR 279
Stadttheater, Freiburg 289
St. Lioba, Kloster 69, 95
Stohren 111
Streckereck 146, 159
Stühlinger 295
St. Ulrich 90, 115

Tuniberg 130

Umkirch 135
Universitätsbibliothek 237

Vauban 199, 283

Weingarten 199, 296
Wiedener Eck 107
Wiehre 197, 265
Wildtal 158
Wildtaler Eck 158
Winterberg 122
Winzerpfad; Glottertal 162
Wittnau-Orchenhof 77
Wonnhalde 103
Wonnhalde, Waldparkplatz 95
Wyhler Baggersee 139

Zähringen 28, 199

Einkehren

Agora, FR 55

Basho-An, FR 34
Bergkiosk Wandertreff, bei Freiamt 187
Berglusthaus, Geiersnest-Hohbühl 125
Blume, FR-Opfingen 136
Bodega Der Geier, FR 53
Buckhof, Horben 92
Burgunderstüble, fiktives Vereinslokal 217

Cabaña, FR 43
Café Burgblick, Wildtal 159
Caféduft, Freiamt-Ottoschwanden 182
Café Gmeiner, FR 46
Café Graf Anton, Colombi, FR 211
Café Jos Fritz, FR 54, 209
Café La Spelta, FR 250
Café Luegemol, Freiamt 187
Café Museumscafé, FR 208
Caféteria Uni-Bibliothek, FR 209
Casa Española, FR 42
Chada Thai, FR 35
Chada Thai, Malterdingen 171
Colombi, Hotel-Restaurant, FR 17, 213

Degusto, FR 60
Dilgerhof (Mosthof), Oberglottertal 164
d.o.c. Osteria, FR 38
Dorfcafé, Horben 92
Drexlers, FR 18

Eckhof, bei Horben 121
Engel, Freiamt-Tennenbach 177
Engel, Sägendobel 166
Engel, Wittnau-Biezighofen 77
Enoteca, FR 17
Erlenbacher Hütte, bei Oberried 155

Feierling Biergarten, FR 49
Forellenstüble, Freiamt-Reichenbach 178

Gerstenhalmstüble, St. Ulrich-Geiersnest 124
Giesshübel, Schauinsland 113
Gmeiner, Café & Confiserie, FR 46, 207
Goldener Anker, FR 30

Goldener Engel, Glottertal 161
Greiffenegg-Schlößle, FR 49, 66
Grosser Meyerhof, FR 48, 259
Gscheid, Gasthaus zum, Freiamt 181
Gummenhütte, am Kandel 166

Halde, Schauinsland 109
Heinehof, St. Ulrich 121
Hirschen, FR-Lehen 23
Hirschen, FR-Merzhausen 21
Hirschen, Ibental 147
Holzschlägermatte 113

Kaiserstuhl, Nimburg 138
Kolbenkaffee, FR 45
Kreuz, FR-Kappel 142
Krone, Freiamt-Mußbach 183
Krone, St. Ulrich Geiersnest 123
Kühler Krug, FR 25
Kybfelsen, FR 49

Lichtblick, FR 20
Löwen, Sölden 79
Löwen, Vörstetten 137

Milch Café, Sölden 81

Ochsen, EM-Wasser 169
Ochsen, FR-Zähringen 28
Omas Küche, FR 269

Panorama Hotel Freiburg 299
Paulihof, Geiersnest 124
Primo Market, FR 40

Rebstock, Ebringen 82
Rebstock, Scherzingen 128
Rössle, Kirchzarten-Dietenbach 149
Rössle, Bollschweil-St. Ulrich 117

Sankt Valentin, FR-Günterstal 68
Schlappen, FR 51
Schlegelhof, Kirchz./Burg-Höfen 151
Schönberger Hof, bei Ebringen 74
Sonne, Oberglottertal 163
Sonne, Vörstetten 136
Soom Poong, FR 37
Stahl, Gasthaus zum, FR 49
Sternen-Post, Oberried 154
St. Ottilien, FR 65
Süden und mehr, FR 286
Sushi Bar, FR 35

Tizio, FR 40
Traudel's Café, Freiamt-Brettental 179
Waldcafé Faller, Attental 144
Wiehre Bahnhof, Café 268
Wolfshöhle, FR 17
Zähringerhof, Schauinsland-Stohren 111

Einkaufen, Läden, Einzelstücke

Asia Markt Fortune, FR 61

Bäckerei Bühler, FR 249
Bäckerei Faller, FR 249
Bäckerei Pfeifle, FR 249
Baldenweger Hof 145
Brüderle, Obst, Münstermarkt 195

Chocolaterie, FR 47
Chocolaterie Läderach, FR 47
Confiserie Gmeiner, FR 46
Confiserie Mutter, FR 47

Degusto, FR 60
Dirr, Metzgerei 197, 198
Drexler, Weinhandlung, FR 62

Eckhof, Bauernhofeis Horben 93

Honiggalerie, FR 60

Jungbauernhof; Hofladen 150

Käse Zio Gino, Münstermarkt 196
Käse Rücker, FR 62
Käse-Stähle, FR 61
Kräutergarten & Klosterladen Kloster St. Lioba 96
Kräuterhofladen, Horben 93

La Pasta Mia, FR 58
Lederwaren Michael Sohr, FR 63
Luitpold Bauer, Eisenwaren, FR 233

Primo Market, FR 40, 59

Ruhbauernhof, Bauernhofeis 150

Tischlein deck Dich, Freiburg 239

Vogtshof, Wildtal, Hofladen 159

Wisser, Holzofenbrot , Münstermarkt 194
Wochenmärkte in den FR-Stadtteilen 197

Titelbild: Johann Martin Morat, Ansicht Freiburgs vom Jägerhäusle aus, Gouache, um 1830 (Original im Augustinermuseum Freiburg, Inv. Nr. D 25/88).

Alle anderen Bilder: Wolfgang Abel, Archiv Oase Verlag.

Karten im Umschlag: Grafik.Römer, Ihringen.

"Solche Reisebücher
wünscht man sich auch für andere Ziele.“
GEO SAISON

Lago Maggiore

Leichte Entdeckungen

Wolfgang Abel

Bodensee

30 Kulinarische Eskapaden

Peter Peter

Bummeltage

Leiser Luxus am Bodensee

Cornelia Stauch

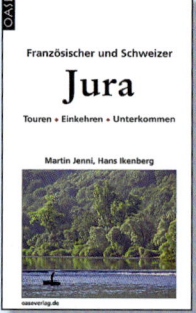

Französischer und Schweizer

Jura

Touren • Einkehren • Unterkommen

Martin Jenni, Hans Ikenberg

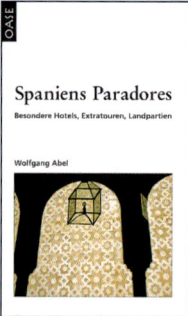

Spaniens Paradores

Besondere Hotels, Extratouren, Landpartien

Wolfgang Abel

Cinque Terre
Ligurische Küste

Landschaft • Touren • Gastronomie

Christoph Hennig

**Mit Biss geschrieben, reich illustriert, gut gebunden
Gesamtprogramm, Leseproben:
www.oaseverlag.de**

„Ein Plädoyer
für den kritischen Genießer."
FRANKFURTER ALLGEMEINE ZEITUNG

Kaiserstuhl

Streifzüge zwischen
Rebstock und Himmelburg

Wolfgang Abel

oaseverlag.de

Südschwarzwald

Leichte Entdeckungen

Wolfgang Abel

oaseverlag.de

Markgräflerland

Ein Gang durchs gelobte Land

Wolfgang Abel

oaseverlag.de

Winstub & Kougelhopf

Gut einkehren und einkaufen im Elsass

Cornelia Stauch • Wolfgang Abel

oaseverlag.de

Ortenau

Streifzüge zwischen
Ried, Rebland und Schwarzwald

Wolfgang Abel

oaseverlag.de

Badische
**Kaffeehäuser
&
Kuchenrezepte**

Marion Jentzsch

oaseverlag.de

Oase Verlag • D-79410 Badenweiler

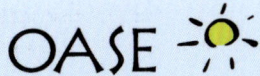

© 1. Auflage 2017. Alle Rechte vorbehalten
Oase Verlag
79410 Badenweiler
Tel. 07632-7460
www.oaseverlag.de

ISBN 978-3-88922-081-3
Alle Angaben ohne Gewähr

Herstellung:
Mayer & Söhne, Aichach